국가핵심이익

중국 화평발전노선의 내막을 읽는 키워드

국가핵심이익

중국 화평발전노선의 내막을 읽는 키워드

목차

머리말

◆

중국의 부상은 논쟁을 넘어 현실이 되었다. 중국은 개혁·개방 30년 만에 명실상부한 G2 국가로 성장하였다. 2010년 중국은 일본의 국내총생산GDP을 추월하고 세계 제2위의 경제대국이 되었다. 심지어 2014년 중국의 구매력평가PPP 기준 국내총생산은 18조 881억 달러(약 2경 1,846조 원)를 기록하며 미국까지 추월하였다. 중국은 군사비도 2018년 약 2,500억 달러(약 302조 원)로 미국 다음으로 많이 지출하고 있다. 이는 전 세계 군사비의 약 14퍼센트에 해당한다. 2004년부터 중국은 상대적으로 약세로 평가받는 소프트파워soft power를 향상시키려고 공공외교까지 전략적으로 추진하고 있다.

중국의 부상은 성공 여부를 떠나 그 자체로 중대한 국제관계 이슈이다. 냉전 종식 이후 중국이 현존 국제체제의 향방을 결정할 최대 변수 중 하나가 되었다는 것은 의심의 여지가 없다. 중국의 강대국화 '능력capacity'은 이미 객관적으로 증명되었다. 부상 '의지will'도 단계적으로 천명한 상태이다. 후진타오胡锦涛 집권 시기 '화평굴기(후에 '화평발전')'를 천명하였고, 시진핑习近平이 집권하면서는 '중화민족의 위대한 부흥'이라는 더욱 원대한 목표를 제시하였다. 중국의 강대국화 의지와 능력에 관한 타국의 '인식perception'도 형성되었다. 가령 영국 경제경영연구소CEBR, Centre for Economics and Business Research에서 발표한 '2020년 세계 경제 순위표'처럼, 2033년 중국이 미국을 제치고 세계 제1위의 경제대국이 될 것이라는 분석을 다수 기관이 지속해서 발표하고 있다. 형태를 달리한 중국위협론이 계속 제기되는 것도 같은 맥락에서 이해할 수 있다.

그래서 중국이 계획하는 부상 방향은 더욱 중요해졌다. '능력', '의지', '인식'이 명확해진 만큼 중국의 부상 '의도intention'가 중요해진 것이다. 중국의 부상 의도를 어떻게 규정하고 어떤 상호작용을 하느냐에 따라 국제질서는 달라질 수 있다. 특히 미중 관계의 향방에 결정적인 영향을 끼칠 것이다. 가령 미중 패권전쟁이 발생할지, 평화적 세력전이가 진행될지, 혹은 미국의 예방전쟁으로 중국의 부상이 종결될지, 아니면 중국 스스로 무너질지 등의 가능성을 예상할 수 있다.

물론 중국의 강대국화 의도에 관한 연구가 수행되지 않은 것은 아니다. 1990년대부터 중국의 부상 의도를 둘러싸고 다양한 분석이 진행되었다. 분석 판단기준으로 ❶ 중국의 국제제도international institutions 인식과 태도 변화 여부, ❷ 중국의 국가안보전략 변화 여부, ❸ 현상유지-수정주의 쟁론과 주요국의 대중국 정책, ❹ 중국위협론과 책임대국론 등이 제시되었다. 이와 함께 개인 층위에 해당하는 정치지도자의 개성과 인지, 국내 정치 층위인 외교부와 국방부의 입장 등 관료정치 특징과 문화 층위인 전략문화 특성 등의 구체적인 분석 시각이 적용되었다.

다양한 연구가 진행되었음에도 중국의 국가핵심이익을 연구하고 책을 집필한 주된 이유는 중국의 강대국화 의도가 여전히 논쟁 중인데다 학계의 논쟁이 지속되는 와중에도 새로운 이슈가 끊임없이 추가되고 있기 때문이다. 더 주된 이유는 최근 10년 사이에 중국과 충돌하는 국가가 증가하고 있지만, 대부분 남의 집 불구경하듯 반응하였다는 사실 때문이다. 그래서 대부분의 국가가 소 잃고 외양간 고치는 격으로 실패한 위기관리 형태를 보였다. 한국도 예외가 아니다. 사드THAAD, 고고도 미사일 방어체계 배치 이슈로 한국은 미국과 중국 사이에서 선택을 강요받는 '전략적 딜레마' 상태가 현실이 되었다. 1992년 한중 수교 이후 중국에 품었던 희망적 사고의 대가도 혹독히 치르고 있다.

이 책은 2008년 중국의 부상을 상징적으로 보여 준 베이징올림픽 때부터 시작한 중국의 강대국화 관련 연구의 일부 성과물이다. 개인적으로 석사과정에서 국제제도의 인식과 태도 변화를 기준으로 중국이 현상유지 국가임을 증명하는 연구를 먼저 진행하였다. 박사과정에 들어가서는 이와 반대로 중국의 부상이 '위협'이 될 것이라는 전제하에 중국 최고의사결정자의 심리적 특징이 무력 사용에 미치는 영향을 연구하였다. 마카오대학에서 박사후연구원으로 재직하는 동안에는 기존의 하드파워 영역 중심의 연구에서 탈피하여 중국의 소프트파워를 분석하였다. 그중에서도 베이징대 박사지도 교수인 장칭민张清敏 교수님과 공동으로 수행한 중국의 대위행위对外行为 사상 근원에 관한 실증연구는 이 연구의 직접적 계기가 되었다. 중국의 대외정책 결정과정에서 국가이익이 마르크스주의나 전통문화 요소보다 점차 더 중요해지고 있다는 사실을 발견하며 후속연구의 필요성을 인지하였다. 특히 외교평론外交评论에 발표한 이 논문이 후에 영어로 번역되어 세 권의 편집서에 수록되면서 후속연구의 필요성을 더욱 확신하였다.

2016~2017년에는 중국의 국가핵심이익 관련 구체적인 이슈를 실증적으로 분석하는 종적 비교연구와 한반도 사드배치에 관한 사례분석을 각각 진행하였다. 이 책은 당시 연구 과정에서 인지한 제한된 연구 시각과 연구방법론상의 문제점을 보완한 성과물이다. 연구 설계 과정부터 최근 15년간 중국의 부상과 관련한 각종 논쟁을 국가핵심이익 시각에서 통합분석하고, 담론 수준을 넘어 실증적으로 증명하고자 하였다.

이 책이 나오기까지 많은 분의 지원과 격려가 있었다. 우선 연구가 가능하도록 결정과 지원을 해 주신 서울연구원 서왕진 원장님께 진심으로 감사드린다. 집필 과정에서 많은 격려와 조언을 해 주신 서울연구원 김경혜 전 부원장님께도 감사드린다. 또한 2016년 중국 국가핵심이익 초기 연구 단계에서 발표 기회를 주신 국민대 김영진 교수님과 중국정치연구회에 감사드린다. 더불어 국가핵심이익 관련 경제보복 연구뿐 아니라 중국 대외정책 연구의 다양한 분석 시각을 깨우쳐 주신 서울대 정재호 교수님과 학부 과정 때부터 많은 지도를 해 주신 국민대 윤경우 교수님께 다시 한 번 감사의 인사를 드린다. 그리고 연구 과정에서 많은 토론과 조언을 해 주신 인천연구원 김수한 박사님과 육군사관학교 양정학 교수님께도 사의를 표한다.

마지막으로 서울연구원 유기영 부원장님, 변미리 도시외교연구센터장님, 김원호 전략연구실장님, 문인철 박사님, 그리고 출판팀에게도 깊은 감사를 드린다.

2020년 우면산 연구실에서

이민규

①

서론

: 중국 화평발전론을 둘러싼 논쟁

1. 논쟁의 배경

화평발전론의 수정주의적 속성 논란

2004년을 전후로 중국은 '화평발전和平发展'을 천명한다. 1990년대부터 본격화된 '중국위협론China threat theory'에 맞서, 자국의 부상이 위협threat이 아닌 기회opportunity라는 점을 강조하기 위해 제시된 개념이다.[1] 이는 2003년 당시 중앙당교 상무부장 정비젠郑必坚이 처음으로 천명한 '화평굴기和平崛起' 개념이 '화평'이 아닌 '굴기'에 관심이 집중되자 관련 논란을 잠재우기 위한 조치였다. '굴기'라는 말이 주변국에 위협으로 비치자 평화적으로 발전하겠다는 '화평발전'으로 바꾼 것이다. 이는 부상국rising power은 패권전쟁hegemonic war을 일으키는 도전국challenger

이 될 것이라는 '강대국 국제정치의 비극the tragedy of great power politics'을 재현하지 않겠다는 중국의 강한 의지 표현이기도 하다.[2] 즉 중국은 현상유지 국가status quo power라는 것이다.[3] 2005년 12월 중국은 이를 공식화하기 위해 『중국의 화평발전노선中国的和平发展道路』 백서를 발표한다. 백서에서 중국은 평화와 공동 번영의 조화세계和谐世界를 건설해 나갈 것이며, 화평발전은 중국 현대화건설 과정에서 '반드시 거쳐야 할 길必由之路'임을 문서화한다.[4]

하지만 2009년을 기점으로 중국의 '핵심이익core interests, 核心利益' 개념이 각계의 주목을 받으면서 화평발전론이 내포한 수정주의revisionism적 특징이 부각되기 시작한다. 2003년부터 중국 고위층이 대외적으로 사용하기 시작한 핵심이익 개념은 2009년 7월 제1차 미중 전략경제대화U.S.-China Strategic and Economic Dialogue, S&ED 회의석상에서 다이빙궈戴秉国 국무위원이 관련 요소를 제시하고, 그 해 11월 베이징에서 개최된 미중 정상회담에서 재차 거론되면서 주목받는다. 더 나아가 2011년 발표된 『중국의 화평발전中国的和平发展』 백서에서 중국 화평발전의 대외 방침 정책 중 하나로 '국가핵심이익国家核心利益' 수호가 포함되면서 그 의미와 적용 범위 등에 논란이 발생한다.[5] 실제로 2011년 백서에서도 2005년 때와 마찬가지로 공동이익共同利益이 강조되었지만, 국가핵심이익 개념이 포함되었고, 중국의 근본이익根本利益과 본국이익本国利益이 더욱 중시되는 경향을 보였다.[6]

화평발전 대외정책에서 국가핵심이익 개념이 논란이 된 주요 이유는 중국의 평화적 외교를 강조한 수사rhetoric와 반대의 형태behavior를 보일 수밖에 없는 속성을 내포하고 있기 때문이다. 이와 관련하여 2003년 제기된 화평굴기를 화평발전으로 수정하는 과정에서 '화평'을 강조하면 역으로 타이완 등과의 문제해결 과정에서 무력사용use of force이 어려워질 수 있다는 주장이 제기되기도 하였다. 이를 미국 호바트&윌리엄스미스칼리지Hobart and William Smith Colleges의 저우징하오Zhou Jinghao 교수는 중국 대외정책의 '딜레마'라고 표현하였다. 그의 주장에 따르면, 중국공산당의 집권 합법성과 이익 수호는 핵심이익 정책의 목적으로 민주화democratization와 시장 시스템market system을 핵심으로 하는 '자유 국제질서liberal international order'와 충돌할 수밖에 없다는 것이다.[7] 현존 국제질서가 제2차 세계대전 이후 미국과 동맹국 중심으로 구축된 '민주-자본주의 서양체제democractic-capitalist western system'인 만큼 중국이 핵심이익을 강조할수록 미국의 국가이익, 특히 '사활적 이익vital interests'과 충돌하게 된다는 것이다. 이런 가능성은 중국 내 국제관계 전문가 사이에서도 활발하게 논의되고 있다. 쩡징한Zeng Jinghan 교수 등이 중국에서 발표된 관련 논문 108편을 분석한 결과에 따르면 25.92퍼센트의 논문에서 미국이 중국을 '봉쇄containment'하고 있다고 주장한 것으로 나타났다. 특히 2009년부터는 미중 관계가 핵심이익 측면에서 가장 많이 논쟁31.48퍼센트되고 있는 양자관계 이슈로 분석되었다. 중국 국내 학자들은 국가핵심이익 수호 측면에서 미중 관계를 가장 중요한 국제관계이면서 동시에 '장애요인'으로 인식하고 있는 것이다.[8]

공세적 대외정책 논란

2010년을 기점으로 화평발전론의 '수정주의'적 속성에 관한 이론적 논쟁과 더불어 중국의 대외정책이 '공세적assertive' 형태를 보인다는 주장이 제기된다. 2008~2009년 미국발 금융위기로 미국의 국력이 상대적으로 약해진 틈을 타 중국의 '탈현상유지 국가' 움직임이 실제로 나타나고 있다는 것이다. 특히 2009~2010년에 발생한 7개 주요 사건, 즉 ❶ 코펜하겐 기후변화회의, ❷ 타이완 무기 수출, ❸ 달라이 라마 미국 방문, ❹ 남중국해 문제, ❺ 천안함 사태, ❻ 댜오위다오釣魚島·센카쿠 열도尖閣列島 문제[9], ❼ 연평도 포격 사건 등을 처리하는 과정에서 중국이 보인 외교적 수사와 행태를 문제 삼는 주장이 언론과 전문가들 사이에서 제기되고 있다.[10]

물론 앨러스테어 이에인 존스톤Alastair Iain Johnston 하버드대Harvard University 교수의 주장처럼 중국이 보인 외교적 수사와 행태를 '공세적'으로 규정하기 힘든 측면이 있다.[11] 김흥규 교수의 분석대로 중국 내에서도 '핵심이익 확대론', '보수적 핵심이익론', '절충론' 등 다양한 논쟁이 일어나고 있다.[12] 그럼에도 불구하고 지난 10년간 중국 대외정책 특징은 '지속'보다는 '변화'가 더 컸다는 주장이 지속해서 제기되고 있고, 각종 논란의 중심에 국가핵심이익이 관련되어 있음을 발견할 수 있다. 대표적으로 타이완 중앙연구원Academia Sinica의 장랴오옌중張廖年仲 박사는 지난 10년 동안 중국이 군비military spending와 파워 투사power projection, 해외 원조foreign aid, 동맹 책무alliance commitments 등에 더 많은 자원을 투입하는 공세적 대외정책 특징을 보인다고 주장하고 있다. 이는 외교적 목적을 달성하기 위한 것으로 핵심이익 강조 등 외교적 이니셔티브diplomatic initiatives의 변화에서도 나타나고 있다고 한다.[13] 저우징하오 교수는 심지어 시진핑 집권 시기 중국의 대외정책 특징을 민족주의 영향과 핵심이익 수호 두 가지로 규정한다. 그의 주장에 따르면, 중국 대외정책 특성 중 칭화대清华大 옌쉐퉁阎学通 교수가 주장하는 현실주의 이론에 기반을 둔 '왕도이론王道理论' 특징이 더욱 부각되고 있다고 한다. 중국의 대외정책이 공세적으로 비쳐질 수밖에 없다는 것이다. 주목할 부분은 중국의 소프트파워soft power 정책이 '매력적 공세charm offensive'를 넘어 '샤프파워sharp power'로 비판받을 수밖에 없는 이유 역시 핵심이익을 강조하고 있기 때문이라는 것이다.[14]

중국이 국가핵심이익 개념을 공식화하고 외연을 확대해 가고 있다는 주장은 다른 연구에서도 확인할 수 있다. 2017년 본 저자의 내용분석법content analysis을 적용한 실증연구에 따르면, 중국은 앞서 설명한 것처럼 백서 발표뿐 아니라 후진타오와 시진핑 등 주요 지도자들의 발언을 계기로 국가핵심이익 개념을 공식화한다. 또한 '국가주권国家主权', '국가안보国家安全', '영토완정领土完整', '국가통일国家统一' 관련 문제가 지속해서 증가할 뿐 아니라 시진핑 집권 시기 들어 '중국 헌법이 확립한 국가정치제도와 사회의 전반적 안정中国宪法确立的国家政治制度和社会大局稳定'과 '경제사회의 지속가능한 발전을 위한 기본보장经济社会可持续发展的基本保障' 관련 문제도 추가되면서 외연도 확대하고 있는 것으로 나타났다.[15] 눈여겨볼 부분은 국가핵심이익을 단순한 외교적 수사가 아닌 공세적 대외정책의 명분이자 이론적 근거로 볼 수 있다는 주장이다.

본 저자의 이런 주장은 다음 두 가지 측면에서 시사하는 바가 크다. 하나는 2010년 전후부터 중국의 평화적 부상 정책이 내포한 위험요소가 이미 이념적·이론적 논쟁 수준을 넘어 수정주의 특성을 드러내는 대외정책 형태로 나타나기 시작하였다는 점이다. 다른 하나는 국가핵심이익 개념이 두 가지 논쟁을 하나로 관통하고 있고, 공식화와 외연 확대가 중국 지도층 차원에서 이루어지고 있다는 점이다.

중국의 무력 사용 가능성

중국의 국가핵심이익 개념의 공식화와 외연 확대가 문제시되는 이유는 중국의 급속한 부상과 이에 따른 대외정책 변화와 무관하지 않다. 중국이 국가핵심이익을 강조할수록 대외정책 행태는 공세적, 심지어 공격적aggressive으로 변할 개연성이 높기 때문이다. 국가핵심이익을 수호하기 위해 무력 사용을 포함한 다양한 수단이 동원될 수 있기 때문이기도 하다. 이는 결과적으로 중국의 국가핵심이익 관련국들의 우려를 초래할 수밖에 없다. 실제로 국가핵심이익을 끝까지 사수해야 할 '마지노선'으로 정하고 양보와 타협이 불가능하다는 중국의 강경한 입장 표명은 이런 우려를 더욱 가중시키고 있다.

국가핵심이익 수호 방법과 관련하여 중국은 '이유가 있고 근거가 있으며 절제가 있는 유리유거유절有理有据有节' 투쟁을 전개해야 하고, 군사적 투쟁을 정치·경제·외교적 투쟁과 긴밀히 연계시켜야 함把军事斗争与政治,经济,外交斗争密切配合起来을 강조하고 있다.[16] '유리유거유절'은 1940년 3월 11일 마오쩌둥毛泽东이 제시한 항일통일전선抗日统一战线의 3대 원칙 즉, ❶ 자위원칙自卫原则 ❷ 승리원칙胜利原则 ❸ 휴전원칙休战原则을 의미한다. 이 3대 원칙은 1949년 신중국 건국 이래 중국이 보인 대표적인 위기관리 특징 중 하나로, 무력 사용을 유일한 수단으로 고려하지 않는다는 의미를 내포하고 있다.[17] 오히려 가능한 모든 수단을 동원하여 국가핵심이익을 수호하겠다는 의지 표현이다.

그렇다고 무력 사용 가능성을 완전히 배제한 것은 아니다. 중국은 상황에 따라 최후의 수단으로 무력 사용도 불사하겠다는 입장이다.

중국의 국가핵심이익 수호 방법과 구체적 정책

수호 방법	주요 정책	비중(퍼센트)	
외교적 수단	• 국제질서 유지와 개혁, 공공재 제공	55.5	-
	• 미국과 러시아의 핵심이익 존중과 결합		15.7
	• 외교적 타협		14.8
	• 소프트파워 강화		15.7
군 현대화	• 전략적 억제	13.8	
	• 무력 사용		
군사협력	• 연합 훈련	9.2	
	• 군사투명도 제고		
	• 군사안보 대화		
경제력	• 경제협력	-	11.1
	• 경제적 영향력		4.6
	• 대미 의존도 낮춤		-
국내 개혁	• 애국주의 고취	7.4	

자료: Jinghan Zeng, 2017, "Is China Committed to Peaceful Rise? Debating How to Secure Core Interests in China", *International Politics*, Vol. 54, No. 5, pp. 618-636.

중국인민해방군의 역할이 강조되는 것도 이런 이유이다. 심지어 인민해방군에게 군사적 투쟁뿐 아니라 정치·경제·외교적 투쟁과의 긴밀한 연계까지 요구하고 있다. 실제로 중국은 일본, 필리핀 등과 분쟁할 때 무력 사용 전 단계인 무력 과시display of force까지 행하였다. 주변 섬의 기지화도 가속화하고 있는 상황이다. 예를 들어 중국은 2014년 이후 남사군도에 대규모 매립으로 군사작전을 위한 인프라와 군사시

설을 건설하고 있다. 또한 피어리 크로스 암초Fiery Cross Reef, 永暑礁에는 대형 항만과 활주로를 건설하여 2016년 4월 해군초계기가 실제로 착륙하기도 하였다.[18]

무력 사용 가능성을 배제할 수 없는 또 다른 이유는 1949년 이후 중국이 번번히 국가 간 군사 분쟁에 연루되었고, 국제환경 변화와 무관하게 무력을 사용하였다는 사실 때문이다. 냉전 기간에 중국은 연평균 2.81회 국가 간 군사 분쟁에 연루된 것으로 나타난다. 심지어 예상과 달리 냉전 종식 후 10년 동안 연평균 3회로 군사 분쟁 건수가 줄지 않았다.[19] 1949년 이후 23곳의 영토 분쟁지역에서 여섯 번이나 무력을 사용한 전례도 있다.[20] 무력 사용이 국가 간 분쟁을 해결하기 위해 중국이 언제나 고려할 수 있는 옵션 중 하나임을 알 수 있는 역사적 근거이다.

옆의 표(22쪽)에서 알 수 있듯이, 중국 내 학자들도 국가핵심이익 수호의 중요한 수단으로 군사적 옵션을 고려하고 있다. 약 23퍼센트에 해당하는 중국 학자들이 군 현대화military modernization와 군사협력military cooperation 등 군사적 수단을 외교적 수단diplomatic means 다음으로 고려하고 있음을 알 수 있다.[21]

중국 경제보복의 정치적·경제적 피해

최근 10년간 중국은 국가핵심이익 관련 이슈에 경제보복을 포함한 다양한 수단을 동원한 것으로 나타났다. 특히 중국이 특정 정치·외교적 목적 달성을 위해 경제력을 도구화하기 시작하였다는 점을 발견할 수 있다.

아래의 사례에서 알 수 있듯, 중국은 경제 선진국과 개발도상국을 가리지 않고 경제보복 조치를 취하였다. 그중 프랑스, 노르웨이, 일본, 한국은 모두 경제협력개발기구OECD 회원국으로 다원적 민주주

최근 10년 대표적 국제분쟁에서 중국의 대응 수위

연도	대상국	OECD 회원국	이슈	성질	대응 수위
2008년	프랑스	○	달라이 라마 회견	연성	정치, 경제
2010년	일본	○	센카쿠 열도 해역 중국어선 나포	강성	무력 과시
2010년	노르웨이	○	류샤오보 노벨평화상 수상자 선정	연성	정치, 경제
2012년	일본	○	일본의 센카쿠 열도 국유화	강성	무력 과시
2016년	타이완	×	차이잉원 총통 당선	연성	정치, 경제
2016년	몽골	×	달라이 라마 회견	연성	정치, 경제
2016년	필리핀	×	남중국해 영토분쟁	강성	무력 과시
2017년	한국	○	사드배치	강성	정치, 경제

자료: 저자 작성.

의 체제를 가진 경제 선진국이다. 몽골, 필리핀 등 개발도상국과 달리 경제 선진국에 가한 보복 조치는 그들을 경제적으로 '굴복'시키기 어려울 뿐 아니라 자칫 잘못하면 '인권' 이슈가 부각되는 등 세계 여론의 역풍을 맞을 수 있다. 심지어 중국 경제가 심한 타격을 받을 수도 있다. 다른 한편 중국은 이슈의 성질과 상관없이 경제보복 조치를 취하였음을 알 수 있다. 국가핵심이익 관련 이슈일 때는 상대의 경제력, 이슈 성질과 상관없이 상응하는 조치를 취한 것이다.

중국의 경제 보복으로 관련 국가들은 특정 산업에서의 경제적 피해는 물론 정치적 타격을 입은 것으로 밝혀졌다. 대표적인 예로, 노르웨이는 2010년 10월 8일 노벨 위원회가 중국의 반체제인사 류샤오보刘晓波를 노벨평화상 수상자로 선정하면서 중국의 경제보복을 받는다. 그 영향으로 2012년 노르웨이의 대중국 수출액은 23.92억 달러로 전년도 대비 5.31억 달러 감소한다. 2010년 기준 지난 5년간 평균 증가율이 20퍼센트인 것을 감안하면 손실액은 더욱 증가하여 약 30억 달러까지 추정된다. 노르웨이를 포함한 78개국과 비교한 데이터를 살펴보면, 노르웨이의 대중국 수출액은 2011년 3퍼센트, 2012년 22퍼센트, 그리고 2013년 16퍼센트 감소한 것으로 측정되었다.[22] 그중에서도 2010년 기준 노르웨이의 대중국 수출 품목export category 중 약 30퍼센트를 차지하는 어류 종류는 2012년 3.66억 달러로 전년보다 7,400만 달러 감소한다. 이에 그치지 않고, 2014년 9월 '전염성 연어 빈혈증'을 빌미로 제2차 경제보복 조치를 가하면서 수출액은 더 욱 감소하여 2015년 2.94억 달러 규모로 떨어진다(아래 그림 참조). 그 여파로 노르웨이는 10년간 유지해 온 대對중국 연어 수출 1위 자리를 2013년 페로제도에 내주게 된다.

2014년 회복 조짐을 보이던 노르웨이의 연어 수출은 2015년부터 다시 급감하여, 2014년부터 대중국 연어 수출을 증대한 칠레가

노르웨이의 대중국 총수출액과 어류수출액 현황 (2010~2016년)

단위: 밀리언 달러(좌), 퍼센트(우)

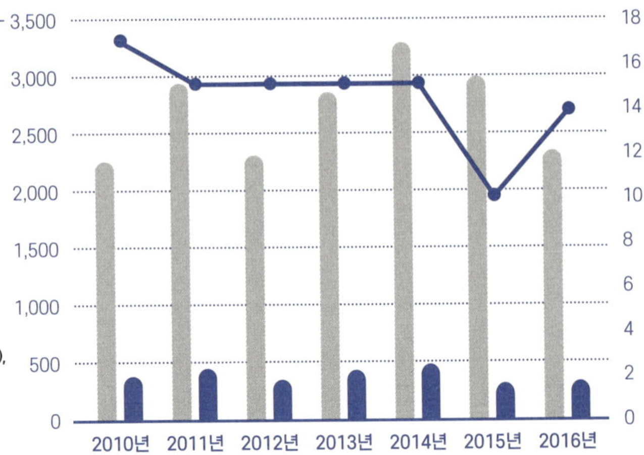

	2010년	2011년	2012년	2013년	2014년	2015년	2016년
● 총 수출액	2,241	2,923	2,392	2,769	3,276	2,990	2,356
● 어류 수출액	378	440	366	418	497	294	321
- 어류 수출 비중	17	15	15	15	15	10	14

자료: UN Comtrade Database, https://comtrade.un.org/ 참고로 저자 작성.

2016년 1만 3,625톤을 수출하면서 1위국이 된다.

노르웨이에게 경제적 손실보다 더 치명적인 것은 정치적 타격이었다. 노르웨이는 중국과 긴장관계가 장기화되자 2014년 5월 노르웨이를 방문하는 달라이 라마Dalai Lama와 고위급 간 모든 회담을 거부한다. 이는 노르웨이 고위급 인사가 달라이 라마와의 회담을 거부한 첫 번째 사례이다. 중국과 관계 개선을 위해 '인권'이라는 세계적 가치를 '포기'한 것이다.[23]

2016년 한미 양국의 사드배치 공식 발표 이후 한국이 받은 정치적 타격은 노르웨이보다 더 컸다고 평가된다.[24] 2017년 10월 한중 양국 간의 합의문에 "중국 측은 MD 구축, 사드 추가 배치, 한미일 군사협력 등과 관련하여 중국 정부의 입장과 우려를 천명하였다"라는 문구가 삽입된 것은 한미동맹이 외교안보의 근간인 한국에게 미중 사이에서 전략적 딜레마strategic dilemma를 가중시키는 결과를 초래할 수 있기 때문이다.[25] 한국 스스로 전략적 운신의 폭을 좁힌 것이다. 이는 중국 정부의 한한령限韓令, 한류금지령으로 한국이 최소 5조 6,000억 원에서 최대 15조 2,000억 원에 이르는 경제적 손실을 입을 것이라는 예측보다 더 치명적인 타격을 받을 수 있는 결정이었다고 평가할 수 있다.[26]

2. 네 가지 가설

후진타오 집권 이후 중국의 부상을 둘러싼 논쟁의 중심에 국가핵심이익이 연관되어 있음을 알 수 있다. 국가핵심이익이 화평발전론, 공세적 대외정책, 무력 사용 가능성과 경제보복 등 국가 대전략 층위에서 대외정책 수단 층위까지 모든 논쟁을 관통하고 있다. 이는 국가핵심이익 개념이 단순한 외교적 수사가 아니라면, 대외정책 의사결정 과정에 지대한 영향을 끼치는 '원칙' 같은 것임을 의미한다. 다른 한편으로 중국의 부상과 관련한 논란에 '해답'을 구할 수 있는 핵심 개념임을 뜻한다.

이런 차원에서 중국의 부상을 둘러싼 쟁점과 국가핵심이익 간 상관관계를 논리적으로 추론해 보면 다음과 같은 가설을 제시할 수 있다.

가설 1 중국 정부가 국가핵심이익을 지속적으로 개념화·공식화한다면, 중국은 '화평'보다 '발전'에 방점이 찍힌 수정주의 성향의 화평발전노선을 추구할 것이다.

가설 2 중국 정부가 국가핵심이익 관련 문제와 이슈를 추가하여 외연을 계속 확대한다면, 중국 대외정책의 공세적 특징은 더욱 심화될 것이다.

가설 3 중국 정부가 국가발전이익 관련 국가핵심이익 이슈를 지속해서 추가한다면, 중국의 경제보복을 포함한 경제력의 무기화는 더욱 빈번해질 것이다.

가설 4 중국 정부가 국가주권과 안보, 특히 국가안보 관련 국가핵심이익 이슈를 계속 강조한다면, 중국의 무력 사용 가능성은 높아질 것이다.

종합적으로, 만약 국가핵심이익이 단순한 정치적·외교적 수사가 아닌 중국 국가 대전략의 기본 원칙이자 대외정책의 판단 기준이라면, 중국의 화평발전노선 추구 과정에서 미국을 포함한 주변국과의 정치적·군사적·경제적 혹은 사회문화적 갈등과 마찰은 더욱 빈번해질 것이고, 그 과정에서 중국이 경제보복과 무력을 사용할 가능성도 높아질 것이다.

이상의 가설은 중국의 국가 대전략과 대외정책에서 국가핵심이익 개념이 중요한지 여부를 파악하는 것이 매우 중요함을 의미한다. 이와 관련하여 2003년 전후 중국 고위층이 국가핵심이익을 제시한 이후 지속해서 개념화·공식화되고 있는지를 우선 파악해야 한다. 이와 함께 미국을 포함한 주변국의 대중국 위기관리 방안 마련을 위해 중국의 국가핵심이익 관련 문제 혹은 이슈가 무엇인지도 파악해야 한다. 어떤 문제와 이슈가 추가되면서 외연이 확대되는지, 또한 이런 외연 확대가 개념의 공식화에 어떤 영향을 끼치는지 전반적이고 체계적인 이해가 필요하다.

중국 국가핵심이익 개념에 관한 이해와 체계적 분석이 필요함에도 이론적 검토와 실증적 연구는 제대로 이루어지고 있지 않다. 이 개념이 제시된 지 10여 년이 지났지만 여전히 일부 지도층의 발언과 중국 정부의 발표에 의존하고 있다. 그래서 발생한 문제를 살펴보면 첫째, 전략이익战略利益을 포함하여 다른 성질의 국가이익과의 관계에 개념적 논쟁이 발생하고 있다. 둘째, 남중국해, 댜오위다오, 한반도 등을 둘러싸고 발생했던 논쟁처럼 어떤 이슈가 중국의 국가핵심이익 범주에 속하는지 논란과 추측이 계속 발생하고 있다.[27] 셋째, 가장 심각한 문제는 '소 잃고 외양간 고치는 격'의 대응이 반복된다는 점이다. 중국의 대외정책 변화 가능성에 관한 소극적 인지, 그리고 국가핵심이익 관련 문제와 이슈 파악 실패로 예방외교preventive diplomacy가 제대로 작동되지 못하고 있다. 넷째, 기존 연구 대부분에는 국가핵심이익 범주에 포함되는 경제와 사회문화 관련 이슈 논의가 결여되어 있다.[28]

이번 연구에서는 이러한 문제의식에 기반하여 국가이익 체계 내에서 국가핵심이익 개념을 이론적으로 정리하고, 관련된 구체적인 문제를 실증적으로 분석하고자 한다. 첫째, 중국에서 주장하는 국가핵심이익은 무엇인가? 특히 국가이익 체계에서 어느 위치에 있는 개념인가? 둘째, 중국의 국가핵심이익은 어떤 과정을 거치면서 공식화되고 있는가? 셋째, 중국의 국가핵심이익 관련 문제는 어떠한 것이 있는가? 이와 관련하여, 집권 시기별 어떤 성질의 문제가 추가되면서 외연을 확대하는가? 넷째, 중국의 국가핵심이익 관련 구체적인 문제는 어떤 맥락에서 거론되는가? 즉 핵심 이슈는 무엇인가? 다섯째, 중국의 국가핵심이익 개념 관련 정책이 거시적으로 국제관계에, 그리고 미시적으로 한중 관계에 주는 정책적 시사점은 무엇인가? 이와 같은 문제에 답을 구하고자 한다.

3. 접근 방법과 책의 구성

연구 방법

이 연구는 중국의 국가핵심이익 개념과 관련 정책을 이론적으로 검토하고 관련 문제를 실증적으로 분석하여 정책적 시사점을 도출하는 것이 주목적이다. 이를 위해 문헌 연구 방법과 내용분석법을 주요 연구 방법으로 채택하였다.

우선 문헌 연구는 중국의 국가핵심이익 개념과 정책의 변천 과정을 살펴보고 이와 관련된 논쟁을 파악하기 위해 학술논문과 함께 정부 발행문, 정책보고서 등을 함께 검토하였다. 연구 배경과 필요성 부분에서는 학계 논쟁을 중심으로 거시적 담론에서 미시적 영향까지 층위별 주요 쟁점을 분석하였다. 특히 중국의 국가핵심이익과 직결된 연구는 특정 학자의 주요 주장을 직접적으로 소개하였다. 기존 연구의 한계점은 종합적 분석과 함께 각각의 내용을 더욱 구체적으로 이해할 수 있도록 주석에 참고자료를 소개하였다. 중국 국가핵심이익 개념과 공식화 과정은 국가핵심이익 개념을 기준으로 기존 연구 결과를 재정리하였다. 개념과 관련된 만큼 논쟁을 소개하기보다 다양한 연구 결과를 비교분석하는 데 집중하였다.

내용분석법은 본 연구의 핵심 연구 방법으로 중국의 국가핵심이익 관련 문제와 이슈를 파악하기 위해 채택하였다. 구체적인 방법은 다음과 같다.

첫째, 분석 자료로 인민일보人民日报를 선택하였다. 인민일보를 선택한 주요 이유는 ❶ 인민일보는 중국공산당 중앙위원회 직속 중국공산당 기관지로 중국공산당과 엘리트들의 주요 관점과 시각을 잘 담고 있다.[29] 실제로 인민일보는 당의 이념, 노선, 방침, 정책 그리고 중앙의 중대 결정과 안배의 적극적인 선전을 주요 역할로 명시하고 있다.

❷ 이 연구의 주목적 중 하나는 집권 시기별 중국의 국가핵심이익 정책 변천 과정과 구체적인 문제를 분석하는 것이다. 이를 위해 최대한 자료 자체의 변수를 통제해야 한다. 이런 차원에서 인민일보는 일간지로 연속성과 통일성을 담보할 수 있다. 또한 34쪽 표에서 알 수 있듯이 통계 처리에 충분한 샘플량을 보장할 수 있다.

❸ 광명일보光明日报와 중국 외교부 대변인 기자간담회 자료가 분

집권 시기별 국가이익, 핵심이익, 국가핵심이익 거론 빈도

집권 시기/ 국가이익 등급	국가이익	핵심이익	국가핵심이익
후진타오 (2003~2012년)	1,714	1,059	76
시진핑 (2013~2018년)	1,045	1,103	120
총계	2,759	2,162	196

단위: 편

자료: 인민일보 분석 결과를 바탕으로 저자 작성.

석 자료로 함께 고려되었지만, 전자는 대표성이 떨어지고 후자는 내용 범위가 제한적이라는 점 때문에 선택되지 않았다. 광명일보도 인민일보와 마찬가지로 중국공산당 중앙위원회가 주관하고 운영한다. 하지만 선전부가 대관代管을 하고, 지식인층 중심의 중앙당 기관지라는 점 때문에 대표성이 상대적으로 떨어진다. 외교부 대변인 자료는 부서 특성상 외교 관련 이슈만 주로 다루기 때문에 중국 국가핵심이익의 세부 구성 요소 전체를 분석할 수 없을 뿐더러 외연 확대 특징을 분석하고자 하는 이 연구의 목적과 부합하지 않는다.[30]

❹ 앞서 거론한 쩡징한 등의 연구에서 알 수 있듯이, 중국의 국가핵심이익 정책과 관련 문제에 대해 중국 내 학자 사이에서도 상이한 판단과 논쟁이 있다. 특히 많은 연구가 특정 사건에 따른 것이거나 여전히 일부 지도자의 발언에 의존하고 있어, 연속성을 바탕으로 한 종적 비교가 어렵다.[31] 가장 큰 한계점은 2차 자료라고 할 수 있는 선행

연구 분석이 구체적인 관련 문제를 체계적이고 전면적으로 분석해낼 수 없을뿐더러 분석 결과가 중국공산당의 의견을 대변한다고도 할 수 없다.[32]

둘째, 분석 기간을 2000년 1월 1일부터 2018년 12월 31일까지로 하였다.[33] 기존 연구에 따르면, 2003년부터 중국 지도층이 국가핵심이익(혹은 핵심이익) 개념을 공개적으로 사용하기 시작한 것으로 나타난다. 하지만 이 연구의 분석 대상이 중국 지도층의 발언에 국한하지 않고, 2003년 이전에 국가핵심이익 개념을 사용했을 가능성을 고려하여 2000년 1월 1일을 분석 시작 시점으로 하였다. 이와 동시에 중국이 국가이익 개념을 1990년대부터 본격적으로 사용하기 시작하였다는 점을 감안하여, 장쩌민江泽民 집권 시기에 국가핵심이익 개념이 도입되었을 가능성도 열어 두었다.[34]

셋째, '국가핵심이익'을 키워드코딩 단위, coding units로 선택하였다. 마이클 스웨인Michael Swaine 등 기존 연구자들은 '핵심이익'을 키워드로 내용분석이나 텍스트 분석text analysis을 시행하였다.[35] 하지만 본 저자의 2017년 관련 연구에 따르면, 핵심이익은 외교 무대에서 '서로의 핵심이익을 존중尊重彼此的核心利益'해야 한다는 맥락에서 사용되기 때문에 구체적인 문제와 이슈 파악이 어려운 것으로 나타났다. 이에 반해, 국가핵심이익을 키워드로 검색된 기사는 대부분 구체적인 문제를 다루고 있어 관련 문제 판단뿐 아니라 맥락까지 분석이 가능하다.[36]

넷째, 아래와 같은 단위units화를 기준으로 내용분석을 실시하였다. 우선 '문장'을 1차, '단락'을 2차 배경 단위content units로 측정하였다. 분석 과정에서 ❶ 하나의 단락으로 분류가 불가능할 때는 '통사 단위syntactical units'를 전후 '복수의 단락'으로 확대하였다. ❷ 대화 형식도 전후 '복수의 단락'으로 확대하였다. ❸ 특정 이슈를 구체적으로 다루는 기사는 '복수의 단락'에서 '전체 기사'로까지 분석 범위를 확대하였다. ❹ 마지막으로 같은 기사에서 '국가핵심이익'과 '핵심이익'이 동시에 거론될 때는 국가핵심이익이 거론된 문장과 단락을 기준으로 핵심이익 맥락까지 고려하였다.

다섯째, 내용분석법을 사용하는 주된 목적은 국가핵심이익과 관련한 구체적인 문제를 밝히는 데 있기 때문에 문제 간 관계는 테스트하지 않았다. 분석 결과는 검색 키워드 간 횡적인 테스트를 제외하고 빈도수와 백분율 등의 묘사description와 맥락을 텍스트 분석 위주로 설명하였다.

여섯째, 이 연구는 독자적으로 진행되었기 때문에 '종적 신뢰도within' 테스트를 수행하였다. 연습단계에서 인민일보 기사의 시간 순서대로 196편 중 25퍼센트에 해당하는 49편의 코딩을 일주일의 시간차를 두고 3회 실시하였다. 백분율 신뢰도 결과, 각각 0.612퍼센트, 0.826퍼센트, 0.837퍼센트 수준으로 측정되어 코딩 원칙을 재숙지하고 정식 코딩에 들어갔다. 정식 코딩 단계에서는 40퍼센트에 해당하

는 78편의 코딩을 일주일 시간차를 두고 2회 실시하였다. 최종적으로 0.897퍼센트를 기록하였다.[37]

마지막으로, 문헌 연구와 내용분석법의 부족한 부분을 보완하기 위해 전문가 인터뷰와 자문회의를 개최하였다. 이 연구의 주요 목적과 직접적인 연관은 없지만 맥락적 이해를 돕고 정책적 시사점을 도출하기 위해 중국의 대외정책 특징을 중심으로 미중 관계와 한중 관계 등 주요 국가 관계 특징을 논의하여 관련 내용을 보충하였다.

책의 구성

이 책은 총 여섯 부로 구성되어 있다.

제1부는 서론으로 연구 배경과 필요성, 연구 목적과 주요 질문, 그리고 연구 방법과 부별 주요 내용을 담고 있다. 연구 배경과 필요성 부분은 화평발전론, 공세적 대외정책, 무력 사용 가능성, 그리고 관련 국가의 정치적·경제적 피해 등 거시적 담론에서 미시적 영향까지 네 가지 측면에서 국가핵심이익 개념과 관련 이슈의 실증연구가 필요한 이유를 단계별로 설명한다. 특히 국가핵심이익 개념과 정책이 2003년 이후 발생한 이상의 논쟁과 모두 관련되어 있다는 점이 강조되었다. 연구 목적과 주요 질문 부분은 우선 이 연구에서 증명하고자 하는

상호 연관성이 있는 네 가지 가설이 제시된다. 이를 위해 기존 연구의 한계점과 함께 이 연구의 주요 질문이 제시된다.

제2부는 세 부분으로 구성되어 있다. 우선 국가이익 체계 틀에서 기준별 분류법에 따라 국가핵심이익의 등급과 속성을 살펴본다. 다음으로 중국의 국가핵심이익 개념화 과정을 중국 고위층의 주요 발언과 문서를 중심으로 정리하고, 구성 요소와 상관관계를 살펴본다. 마지막으로 인민일보의 내용분석 결과를 바탕으로 국가핵심이익의 외연 확대 특징을 다각도로 분석한다.

제3부부터 제5부까지는 집권 시기별 국가주권, 국가안보, 국가발전이익 관련 주요 문제를 살펴본다. 주요 문제의 현황과 중요도뿐 아니라 어떤 맥락에서 사용되고 있는지를 함께 살펴본다. 이를 통해 맥락과 핵심 이슈를 분석한다. 그리고 국가핵심이익 외에 각 문제가 내포하는 다른 국가이익 속성을 조사하여, 문제의 성질과 핵심 이슈에 대한 이해도를 높인다.

제6부는 결론으로 제5부까지의 연구 결과를 종합적으로 정리하고 분석한다. 이를 바탕으로 서론에서 제시한 가설 검증과 함께 정책적 시사점을 최종적으로 도출한다.

2

중국 국가핵심이익 개념과 구성 요소

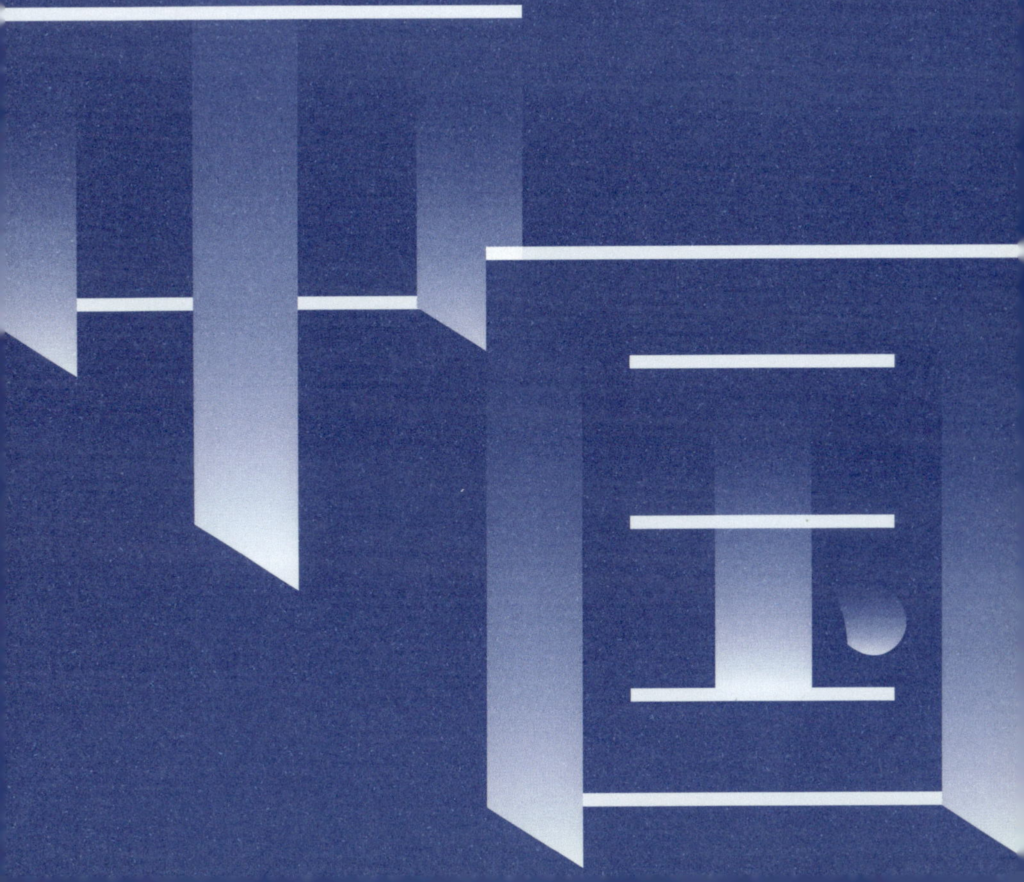

1. 개념, 등급, 그리고 속성

국가이익 개념과 속성

중국의 대표적인 현실주의 학자이자 '국가이익国家利益, national interests' 개념을 중국 최초로 체계화한 학자는 칭화대 옌쉐퉁 교수이다. 그의 연구에 따르면, 국가이익은 주권국가 전체 국민의 물질적·정신적 요구需要를 의미한다. 이는 계급적 성질阶级性을 가진 국내 정치 범위의 국가이익interests of state과 구분되는 개념으로, 국제정치의 주요 행위체인 주권을 핵심 특징으로 하는 민족국가nation or nation state의 전체 이익을 말한다.[38] 국가이익의 주요 특징과 속성을 구체적으로 살펴보면 다음과 같다.[39]

첫째, 국가이익의 '요구'가 '희망愿望'을 의미하지 않는다. 국가이익에서 요구는 유한한 것으로 실현 가능성을 내포하고 있다. 이런 측면에서 보면, 국제관계에서 국가 권력power 등의 요소가 국가이익을 실현하는 데 중요한 변수로 작용함을 알 수 있다.[40]

둘째, 국가이익은 개인이익의 집합이다. 하지만 개인의 모든 이익이 국가이익의 일부분을 뜻하지는 않는다. 같은 원리로 집단이익도 국가이익의 구성 요소이지만, 그 자체가 국가이익인 것은 아니다. 다른 한편, 일반적으로 공공이익公共利益을 국가이익으로 보지 않는다. 공공이익은 국가 경내에서의 전체 이익으로 국제관계의 영향을 받을 때만 국가이익의 한 부분으로 인정된다.[41]

셋째, 정신적 요구도 국가이익이다. 구성주의constructivism 국제관계 이론이 형성되기 전에 토대주의foundationalism 존재론ontology에 기반을 둔 현실주의와 신자유주의 등의 이론에서 국가이익을 핵심 변수로 연구하면서 물질적 측면만이 부각되었다.[42] 하지만 국가이익은 물질과 정신(혹은 관념) 두 측면을 모두 포함하고 있다. 국가 존엄과 국가 명예 등이 대표적인 관념 방면의 국가이익이라고 할 수 있다.

넷째, 국가이익은 가변적이다. 구체적인 국가이익은 객관적 조건과 관념에 따른 정체성identity (재)구성으로 변한다.[43] 즉 국가이익의 속성처럼 물질과 관념 두 가지 측면에서 구체적인 국가이익은 변할 수 있다. 국가이익을 상수로 보는 실증주의 인식론epistemology을 기반으로 구축된 국제관계이론도 환경 변화에 따라 변할 수 있다는 점을 명확히 하고 있다.

다섯째, 국가이익은 원칙적으로 '절대적'이다. 법률적·도의적으로 어떤 개인, 집단, 조직, 심지어 정부까지도 특정 이익을 위해 국가이익을 희생시킬 수 없다. 즉 집단이익 혹은 개인이익이 국가이익보다 우선시될 수 없다. 하지만 이런 '원칙'이 국가이익을 위해 개인이익이나 집단이익을 무조건적으로 희생해야 한다는 것을 의미하지는 않는다. 이익 간 충돌이 일어났을 때 국가는 상황 요소를 고려하여야 하고, 이익 간 균형이 잡히도록 노력해야 한다.[44]

국가이익 기준별 분류법

국가이익은 정의와 속성에 따라 다음과 같이 몇 가지 기준으로 분류할 수 있다. 우선 분야를 기준으로 정치이익, 안보이익, 경제이익, 문화이익 등으로 구분된다. 구체적으로 살펴보면 정치이익은 정치적 독립, 국제적 인정, 국가주권, 국제적 지위 등 각종 국가이익이 집중적으로 표현된 것이다. 안보이익은 군사적 우세, 영토 안보, 해양 권익 등으로 국가이익의 기초이다. 경제이익은 가장 일상적이며 주기적인 국가이익이다. 마지막으로 문화이익은 정신적 측면에서 중요한 국가이익이다.[45] 한 가지 중요한 점은 이 네 가지 국가이익 모두 물질적 요소와 관념적 요소 전부를 내포하고 있으며, 목적에 따라 하드파워hard power와 소프트파워soft power의 구성 요소이자 발현이 될 수 있다는 것이다.

다음으로 효과와 이익의 지속 시간에 따라 영구이익长久利益, 장기이익, 중기이익, 단기이익으로 구분할 수 있다. 그중 영구이익은 불변하는 이익으로 민족국가의 존속과 직접적으로 연관되어 있다. 영토완정, 민족 독립, 국가주권, 경제발전 등이 해당한다. 이에 비해 장기이익, 중기이익, 단기이익은 상대적으로 가변적인 국가이익이다.[46]

국가이익의 주체 범위를 기준으로 살펴보면, 보편이익, 소수이익, 개별이익으로 분류할 수 있다. 보편이익은 모든 주권국가가 추구하는 이익으로 국가주권, 국제적 지위, 민족 안전 등이 포함된다. 소수이익은 일부 국가가 추구하는 국가이익이다. 가령 대국이 일반적으로 추구하는 국제질서와 국제적 지위, 지역 협력, 동맹국 간의 공동안보 등이 해당한다. 이에 반해, 개별이익은 특정 국가만의 국가이익으로 다른 국가의 국가이익과 무관한 것을 의미한다.[47]

그 외에 국가이익은 성질에 따라 공동이익과 충돌이익, 이익 간 관계에 따라 주체이익과 보충이익, 발전 수준에 따라 선진국이익과 개발도상국이익, 정치제도에 따라 사회주의국가이익과 자본주의국가이익 등으로 구분할 수 있다.[48]

국가이익 체계 내 핵심이익 등급

국가이익은 집단이익과 개인이익 등 다른 주체의 이익에 비해 '절대적'인 특징을 가지고 있다. 주권을 핵심으로 하는 민족국가의 구성원으로서 이익 간 충돌이 발생하였을 때 국가이익이 우선시되어야 한다는 일종의 '약속'이다. 하지만 모든 경우에서 국가이익이 우선시되어야 함을 뜻하지 않을뿐더러, 국가이익도 중요도에 따라 몇 가지 등급으로 다시 나눌 수 있다.

다음 표에서 알 수 있듯이 중국 내 학자마다 국가이익 등급 구분법에 다소 차이가 있다. 공통점은 핵심이익을 최상위급 국가이익으

중국학자들의 국가이익 등급 구분법

연도	1996년	2010년	2011년	2014년	2015년
학자	옌쉐퉁 (阎学通)	샤오시 등 (肖唏)	장퉈성 (张沱生)	허우위안창 등 (侯远长)	먼홍화 (门洪华)
등급	생존이익 중요이익 주요이익 변제이익 (边际利益)	핵심이익 중요이익 일반이익 비(非)긴요한 이익	핵심이익 중요이익 일반이익	핵심이익 장기이익 근본이익 전략이익 안보이익	핵심이익 중요이익 일반이익

자료: 이민규, 2017, "한국의 사드배치 결정과 중국의 대한반도 정책 인식 변화 연구: 중국의 '핵심이익' 논쟁을 중심으로", 국방정책연구, 제33권, 제2호, 15쪽.

로 분류하고 있다는 점이다. 이 때문에 '핵심이익'과 '비非 핵심이익'의 구분이 생겼음을 확인할 수 있다. 그리고 연구 목적과 이론적 배경에 따라 후자를 제각기 다른 기준으로 분류하지만, 일반적으로 전자를 기준으로 중요도에 따라 핵심이익, 중요이익重要利益, 일반이익一般利益 순으로 분류하고 있다.[49]

핵심이익 정의와 속성

옌쉐퉁 교수는 핵심이익을 '생존이익生存利益'으로 인민의 생명과 안전, 국가정치제도와 경제생활의 장기적인 안정과 관련한 이익으로 정의 내린다.[50] 중국 내 대표적인 자유주의 학자인 베이징대 왕이저우王逸舟 교수는 핵심이익을 한 국가, 한 민족, 한 사회의 '근본'으로 정의하며, 주권 및 특수한 역사와 관련된다고 하였다.[51] 표현상 다소 차이가 있지만, 핵심이익이 민족국가 존속과 장기적 번영에 직접적으로 영향을 끼치는 국가이익임을 알 수 있다. 이런 점에서 볼 때, 중국의 핵심이익은 미국의 '사활적 이익vital interests'과 비슷한 등급의 국가이익으로 볼 수 있다. 사활적 이익은 전쟁을 치르고서라도 지켜야 할, 국가 존망에 치명적인 영향을 줄 수 있는 이익을 뜻한다.

핵심이익의 속성을 구체적으로 살펴보면 다음 표와 같이 분류할 수 있다. 전통적으로 군사와 안보 등을 다루는 상위 정치high politics에 속하는 정치와 안보이익이 핵심이익에 해당한다. 하지만 글로벌화 되면서 하위 정치low politics에 속하는 경제와 사회문화 관련 이익도 포함될 뿐 아니라, 때에 따라서 경제이익이 안보이익보다 우선시되기도 한다.[52] 지속시간 기준으로는 민족국가 형성과 존재가 직접적으로 연관된 영구이익에 포함된다. 하지만 비교적 긴 특정 역사 기간에 추구되는 장기이익과 때에 따라서는 중기이익도 핵심이익이 될 수 있다. 주체 범위 측면에서 살펴보면 보편이익이 해당한다. 그러나 국가적 특성에 따라 소수이익과 개별이익 역시 핵심이익이 될 수 있다. 성질 면에서 핵심이익이 공동이익과 충돌이익 두 가지 속성 모두를 가지지만, 무정부상태라는 국제관계 특징을 고려하였을 때 후자일 가능성이 더 크다. 그리고 핵심이익은 최상위급 국가이익으로 주체이

국가이익 기준별 핵심이익 속성

기준	구분법	핵심이익
분야	정치이익, 안보이익, 경제이익, 문화이익	모두 해당
지속시간	영구이익, 장기이익, 중기이익, 단기이익	영구이익(장기와 중기이익*)
주체 범위	보편이익, 소수이익, 개별이익	보편이익(소수와 개별이익*)
성질	공동이익, 충돌이익	모두 해당
관계	주체이익, 보충이익	주체이익

주: *는 때에 따라 해당될 수 있음을 의미함.

자료: 저자 작성.

익에 포함된다. 결론적으로 핵심이익은 전통적으로 영구적이고 보편적인 상위 정치 관련 이익이다. 하지만 국가이익이 가진 가변성, 즉 객관적 환경 변화와 주관적 정체성 재구성에 따라 더 나아가 국가 특성의 영향으로 기준별 이익 속성이 변할 수 있다.

2. 개념화 과정과 구성 요소 상관관계

중국 국가핵심이익 개념화 과정

핵심이익 개념은 2003년부터 중국 지도부가 공식적으로 사용하기 시작한다. 2003년 1월 19일 미국 국무부장관 콜린 파월Colin Powell과의 회담에서 탕자쉬안唐家璇 외교부장이 '타이완' 문제를 중국의 핵심이익으로 규정한 것을 시초로 보고 있다. 하지만 각계의 주목을 받게 되는 시점은 2009년이다. 다이빙궈 국무위원이 2009년 7월 제1차 미중 전략경제대화 회의에서 세 가지 구성 요소를 제시하고, 다음 해인 2010년 12월 베이징에서 개최된 미중 정상회담 공동성명에 '서로의 핵심이익을 존중respecting each other's core interests하자'는 문구를 삽입하면서

부터이다.[53]

다이빙궈 국무위원은 2009년 7월, 기본제도와 국가안보 수호维护基本制度和国家安全, 국가주권과 영토완정国家主权和领土完整, 경제와 사회의 지속적이고 안정적인 발전经济社会的持续稳定发展 등 세 가지를 핵심이익의 구성요소로 제시한다. 2010년 12월에는 이를 더욱 구체화하여 ❶ 공산당 영도, 사회주의 제도, 중국 특색의 사회주의 길共产党的领导, 社会主义制度, 中国特色社会主义道路, ❷ 주권 유지, 영토안보 확보, 국가통일中国的主权安全, 领土完整, 国家统

『중국의 화평발전』 백서 발간 이전 중국 고위층의 핵심이익 관련 주요 발언

날짜	중국 지도자	내용
2003년 1, 2월	탕자쉬안 외교부장	• 타이완
2006년 4월	쩡칭훙(曾庆红) 국가부주석	• 티베트
2006년 11월	후진타오 국가주석	• 인권 • 타이완 • 티베트
2009년 7월	다이빙궈 국무위원	• 기본제도와 국가안보 수호 • 국가주권과 영토완정 • 경제와 사회의 지속적이고 안정적인 발전
2010년 12월	다이빙궈 국무위원	• 공산당 영도, 사회주의 제도와 중국 특색의 사회주의 길 • 주권 유지, 영토 안보 확보, 국가통일 • 경제사회의 지속적 발전을 위한 기본 보장
2011년 8월	시진핑 국가부주석	• 발전이익 • 타이완 • 신장

자료: 저자 작성.

一, ③ 경제사회의 지속적 발전을 위한 기본 보장中国经济社会可持续发展的基本保障 등 세 가지로 재분류한다.[54]

핵심이익 개념은 중국 주요 지도자들이 일관성 없이 사용하다가 2011년 9월 6일 중국 정부가 처음으로 공식적으로 규정한다. 중국 국무원 신문판공실新闻办公室은 『중국의 화평발전』 백서를 통해 국가핵심이익을 '국가주권', '국가안보', '영토완정', '국가통일', '중국 헌법이 확립한 국가정치제도와 사회의 전반적 안정', 그리고 '경제사회의 지속가능한 발전을 위한 기본 보장' 등 여섯 가지로 공표한다.[55] 이는 중국정부가 국가핵심이익('핵심이익'이 아님)을 처음으로 명문화한 것으로 동시에 자국의 화평발전과 밀접한 연관이 있음을 공식화한 것이다.

중국의 국가핵심이익 개념은 시진핑 집권 시기에 들어 다시 한 번 재규정된다. 시진핑 국가주석 등의 발언을 살펴보면, 기존의 여섯 가지 국가핵심이익을 '국가주권, 안보, 발전이익国家主权, 安全, 发展利益' 등 세 가지로 축약하였음을 확인할 수 있다. 공식화에 이어 '간략화'한 것이다. 하지만 이와 관련하여 한 가지 명확히 할 부분은 국가핵심이익을 이상의 세 가지로 규정한 것이 2013년부터가 아니라는 사실이다. 대표적인 예로, 2008년 3월 3일 자칭린贾庆林 전국인민정치협상회의 주석은 제11차 전국위원회 1차 회의 석상에서 타이완과 티베트 등을 국가핵심이익 관련 문제로 규정하면서 '국가주권, 안보, 발전이익'을 수호해야 함을 주장하였다.[56] 또한 2010년 3월 7일 제11기 전국인민대표대회 3차 회의 기자회견에서 양제츠杨洁篪 중국 외교부 부장은 이상 세 가지를 '본국의 핵심이익과 존엄本国的核心利益和尊严'이라고 하였다.[57]

중국 국가핵심이익 구성 요소와 상관관계

중국의 국가핵심이익은 2011년『중국의 화평발전』백서에서 공식화된 이후, 시진핑 집권 시기에 들어 더욱 개념화된다. 내포된 속성을 기준으로 세 가지 항목을 2011년에 명문화된 여섯 개 항목과 비교해 보면 다음 표와 같이 구분할 수 있다. 구체적으로 '영토완정', '국가통일', '중국 헌법이 확립한 국가정치제도와 사회 전반적 안정'은 '국가주권'이 발현된 세부 분야로 볼 수 있다. '경제사회의 지속가능한 발전을 위한 기본 보장'은 '국가발전이익'의 구체적인 설명으로 해석할 수 있다.

다른 한편, '국가주권', '국가안보', '국가발전이익' 등 세 가지 항목은 국가핵심이익 전체를 구성하는 유기적 결합 요소이다. 항목 간 상관관계에 대해, 중국 푸단대复旦大 션딩리沈丁立교수는 2013년 2월 1일자 인민일보 평론에서 경제발전(발전이익)은 국가주권과 안보의 기초

국가핵심 이익과 세부 분야

국가핵심이익	세부 분야
국가주권	영토완정
	국가통일
	중국 헌법이 확립한 국가정치제도와 사회의 전반적 안정
국가안보	-
국가발전이익	경제사회의 지속가능한 발전을 위한 기본 보장

자료: 저자 작성.

이며, 견고한 국가주권과 국가안보는 경제발전의 선결 조건이라고 하였다. 유기적 관계에 대해서는 국가핵심이익의 각 부분이 '상호지탱하고, 불가분한, 융합된 일체互为支持, 不可分割, 融为一体'로 어느 특정 국가핵심이익 분야에 치우침 없이 추구되어야 함을 강조하였다.[58]

3. 외연 확대 특징

2000년 1월 1일부터 2018년 12월 31일까지 인민일보 전문을 분석한 결과를 살펴보면, '핵심이익' 개념은 후진타오 집권 2기부터 사용되기 시작한다. '중국의 핵심이익'이라고 할 수 있는 '국가핵심이익'은 시진핑 집권 시기부터 강조되고 있음을 알 수 있다. 시진핑 집권 시기에 들어 자국의 핵심이익을 본격적으로 규정하고, 내용과 적용 범주를 수정하고 확대하고 있는 것이다.

후진타오 집권 2기 기점, 핵심이익 개념 강조

중국은 1990년대를 기점으로 '국가이익' 개념을 본격적으로 사용하기 시작한다. 2000년대 들어서는 이를 더욱 세분화해 '핵심이익'까지 규정하였는데, 2009년부터 핵심이익 개념이 국가이익만큼 거론되고 있음을 발견할 수 있다. 후진타오 집권 1기 핵심이익 개념이 도입되었지만, 2기 때부터 본격적으로 강조되는 것이다. 시진핑 집권 시기에 들어서도 이런 추세가 유지됨은 물론 집권 2기에서는 더욱 중시되는 경향을 보이고 있다.

국가이익과 핵심이익을 키워드로 2000년 1월 1일부터 2018년 12월 31일까지 인민일보 전문을 분석한 결과, 국가이익과 핵심이익은 각각 2,759편과 2,162편에서 거론된다. 2008년까지 국가이익은 거론 건수가 882편으로, 205편에서 거론된 핵심이익에 비해 압도적으로 많았다(χ^2 = 421.646, df = 1, p〈0.001). 하지만 후진타오 집권 2기 2년차인 2009년부터 국가이익이 1,877편, 핵심이익이 1,957편으로 비슷한 수준에서 거론되고 있다(χ^2 = 1.669, df = 1, p=0.196). 심지어 2009년, 2010년, 2012년, 2014년, 2017년, 2018년에는 핵심이익 거론 빈도수가 더 높게 나타난다(다음 그림 참조).

집권 시기를 기준으로 봤을 때도 비슷한 경향을 보인다. 후진타오

국가이익, 핵심이익 거론 빈도 (2000~2018년)

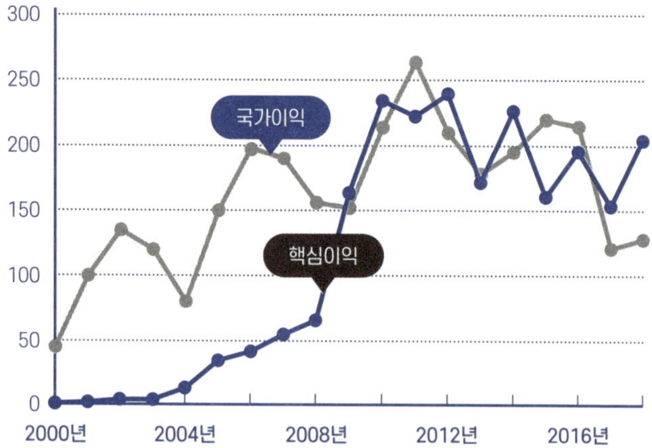

자료: 인민일보 분석 결과를 바탕으로 저자 작성.

집권 10년 동안 두 개념(국가이익 1,714편, 핵심이익 1,059편)의 빈도수에 큰 차이가 있었던 것에 반해(χ^2 = 154.715, df = 1, $p<0.001$), 시진핑 집권 6년 동안(국가이익 1,045편, 핵심이익 1,103편)에는 큰 차이가 없는 것으로 나타난다(χ^2 = 1.566, df = 1, p=0.211). 구체적으로 살펴보면, 후진타오 집권 1기에는 국가이익이 728편으로, 141편에서만 거론된 핵심이익에 비해 매우 높은 빈도수를 보인다. 이에 반해, 후진타오 집권 2기(국가이익 986편, 핵심이익 918편, χ^2 = 2.429, df = 1, p=0.119)와 시진핑 집권 1기(국가이익 919편, 핵심이익 900편, χ^2 = 0.198, df = 1, p=0.656)에는 차이가 없음을 확인할 수 있다. 한 가지 주목할 부분은 시진핑 집권 2기

인 2018년 핵심이익 거론 빈도수가 국가이익보다 매우 높았다는 점이다.

시진핑 집권 이후, 중국의 핵심이익 규정 본격화

후진타오 집권 2기부터 중국이 핵심이익 개념을 중시하기 시작하였다면, 시진핑 집권 시기에 들어서는 본격적으로 자국의 핵심이익을 규정하고 있다고 할 수 있다. 국가핵심이익을 키워드로 상기 기간의 인민일보 전문을 분석해 보면, 2004년 이 개념이 처음으로 검색된 이후 집권 시기별로 뚜렷한 증가 추세를 보이고 있다. 2004년에서 2012년까지 연평균 7.6편에서만 거론되다가, 2013년 21편으로 증가하였고, 이때부터 연평균 20편에서 거론되었다. 2015년과 2017년 각각 18편과 8편으로 급감하는 현상을 보였지만, 2016년 25편으로 증가하였고, 2018년에는 20편에서 검색되었다(58쪽 그림 참조).

집권 시기를 기준으로 살펴보면, 후진타오 집권 10년보다 시진핑 집권 6년 동안 거론된 빈도수가 더 높음을 알 수 있다. 시진핑 집권 시기 거론 빈도수는 전체 평균 12.3편보다 약 8편 많은 수치이다. 후진타오 집권 시기 연평균 7.6편이었던 것에 비해 시진핑 집권 시기

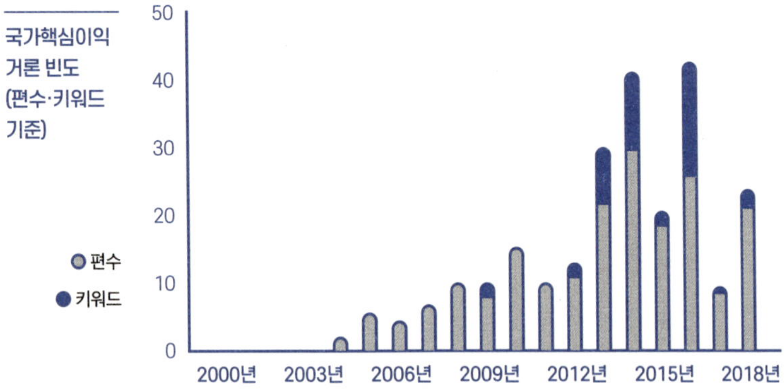

자료: 인민일보 분석 결과를 바탕으로 저자 작성.

연평균 20편에서 거론되고 있다. 후진타오 집권 1기 연평균 3.6편에서만 검색되다가 2기 들어 11.6편으로 증가하였고, 시진핑 집권 시기에 들어서는 연평균 20편에서 거론되고 있다. 핵심이익 거론 추세와 비슷하게 후진타오 2기부터 증가하기 시작하여 시진핑 집권 시기 들어 두 배 정도 증가한 수치이다.

시진핑 집권 이후, 국가핵심이익 관련 문제 급증

국가핵심이익 관련 문제도 시진핑 집권 시기 들어 증가하고 있다. 자국의 핵심이익을 본격적으로 규정하기 시작하면서, 그 내용과 적용 범주를 지속해서 수정·확대하고 있는 것이다.

국가핵심이익을 키워드로 상기 기간 인민일보 전문 내용을 분석한 결과, 총 69개 문제와 이슈가 국가핵심이익과 관련 있는 것으로 나타났다. 앞선 핵심이익, 국가핵심이익 거론 추세와 비슷하게 국가핵심이익 관련 문제(집권 시기별 중복 포함)도 시진핑 집권 시기에 급증하고 있음을 확인할 수 있다. 후진타오 1기에 관련 문제가 불과 3개였는데, 2기 때 23개로 증가하였고, 시진핑 1기에는 51개까지 급증하였다. 두 배 이상 증가한 것이다. 이는 후진타오 집권 시기 연평균 2.6개가 국가핵심이익 관련 문제였다면, 시진핑 집권 시기에 들어서는 9.5개로 증가하였음을 의미한다. 국가핵심이익 관련 문제가 증가하기 시작하는 후진타오 2기와 시진핑 1기만을 비교해도 각각 연평균 4.6개와 10.2개로 차이를 보인다(다음 표 참조).

시진핑 집권 시기에 국가핵심이익 관련 문제가 증가하는 것은 매년 새롭게 추가되는 문제 개수로도 확인할 수 있다. 후진타오 집권 10년 동안 24개 문제가 새롭게 추가된 것에 반해, 시진핑 집권 6년

후진타오 집권 시기 국가핵심이익 관련 문제 외연 확대 현황

집권 시기	연도(개수)	추가	기존 문제(상) / 추가된 문제(하)
후진타오 1기	2004년(1)	-	• 타이완
	2005년(1)	-	• 타이완
	2006년(2)	1	• 타이완
			• 역사
	2007년(2)	1	• 타이완
			• 신(新)국가군사학설
후진타오 2기	2008년(4)	3	• 타이완
			• 티베트, 애국주의, 경제건설
	2009년(5)	2	• 타이완, 티베트, 애국주의
			• 마카오, 신장
	2010년(6)	3	• 타이완, 티베트, 신장
			• 댜오위다오, (국가핵심)가치관, 군축과 감축
	2011년(11)	9	• 티베트, 애국주의
			• 국가통용언어문자, 이슬람교, 광동군구 항공병, 국방과학기술, 제2포병, 군사투명도, 토지, 지속가능발전, 국가이미지
	2012년(7)	5	• 마카오, 댜오위다오
			• 홍콩, 3개 악 세력, 핵실험, 해양권익, 재생에너지

자료: 인민일보 분석 결과를 바탕으로 저자 작성.

동안 추가된 문제는 44개로 약 두 배 증가하였다. 특히 시진핑 집권 1기 5년 동안 새로운 문제가 43개 추가되면서 국가핵심이익 관련 문제가 급증하였다(다음 표 참조).

시진핑 집권 시기 국가핵심이익 관련 문제 외연 확대 현황

집권 시기	연도(개수)	추가	기존 문제(상) / 추가된 문제(하)
시진핑 1기	2013년(10)	6	• 타이완, 티베트, 댜오위다오, 해양권익
			• 남중국해, 이데올로기, 무장 역량, 인터넷 유언비어, 중대형 국유기업 핵심 상업기밀, 중국발전이익관
	2014년(20)	14	• 타이완, 티베트, 신장, 남중국해, 댜오위다오, 해양권익
			• 동북항일연합군정신, 영토주권분쟁, 주체교육, 인민대표대회제도, 평안건설, 파룬궁, 국방과 군대건설, (강국)강군, 한반도 긴장국면, 미중 충돌과 대결, 안보 문제, 빅데이터, 인터넷 안보와 질서, 정보강역
	2015년(15)	6	• 타이완, 티베트, 홍콩, 신장, 마카오, 이데올로기, 국방과 군대건설, (강국)강군, (국가핵심)가치관
			• 전략적 전파, 국가안보법, 테러리즘, 과학기술, 핵심기술, 인민복지
	2016년(20)	12	• 타이완, 티베트, 홍콩, 신장, 남중국해, 마카오, 국가안보법, 해양권익
			• 동중국해, 당내 정치생활과 당내 감독, 변경권익, 지역 안정, 사드배치, 전쟁과 평화, 군 현대화, 군사, 국가기타중대이익안보, 개방발전전략, 인류 공동이익, 글로벌 거버넌스 시스템 변혁
	2017년(15)	5	• 타이완, 티베트, 홍콩, 신장, 마카오, 국가안보법, 국방과 군대건설, 변경권익, 해양권익, 과학기술
			• 군사지도 혁신, 연해방위, 해양안보, 신과학기술혁명, 국제난제
시진핑 2기	2018년(6)	1	• 타이완, 티베트, 마카오, 신장, 홍콩
			• 무역 전쟁

자료: 인민일보 분석 결과를 바탕으로 저자 작성.

시진핑 집권 이후, 국가발전이익 관련 문제 증가

시진핑 집권 시기에 국가주권 관련 국가핵심이익 문제 비중이 상대적으로 낮아지고, 국가발전이익 관련 문제 비중은 높아지는 경향을 보이고 있다.

상기 기간 인민일보 전문 내용을 분석한 결과, 시진핑 집권 1기까지 국가주권, 국가안보, 국가발전이익 등 세 가지 항목별 관련 문제 개수와 빈도수 모두 양적 증가를 보인다. 국가주권 관련 문제는 후진타오 집권 1기 2개(빈도수 16회)에서 시진핑 집권 1기 18개(빈도수 69회)로 증가하였고, 국가안보 관련 문제도 1개(빈도수 1회)에서 19개(빈도수 43회)로 급증하였다. 국가발전이익 관련 문제는 후진타오 집권 2기 때 처음 거론된 이후(총 5개, 빈도수 5회) 시진핑 집권 1기에 14개(빈도수 20회)로 증가하였다.

하지만 집권 시기별 비중을 살펴보면 국가주권 관련 문제 비중은 줄어들고, 국가안보와 국가발전이익 특히 후자의 비중은 상대적으로 높아지고 있다. 우선 항목별 문제 개수 비중 변화를 살펴보면, 국가주권 관련 문제는 후진타오 집권 1기 약 66.7퍼센트를 차지하다가 후진타오 집권 2기 43.5퍼센트로 감소하고, 시진핑 집권 1기에 들어서 35.3퍼센트까지 떨어진다. 이에 반해, 국가발전이익 관련 문제는

국가핵심이익 집권 시기별 문제 빈도수와 비중 현황

국가핵심이익	집권 시기별 문제 및 빈도수(중복 포함)				합계
	후진타오 1기	후진타오 2기	시진핑 1기	시진핑 2기 (2018년)	
국가주권	2개(66.7) 16회(94.1)	10개(43.5) 44회(77.2)	18개(35.3) 69회(52.3)	5개(83.3) 16회(55.2)	35개(42.2) 145회(61.7)
국가안보	1개(33.3) 1회(5.9)	8개(34.8) 8회(14.0)	19개(37.3) 43회(32.6)	-	28개(33.7) 52회(22.1)
국가발전이익	-	5개(21.7) 5회(8.8)	14개(27.5) 20회(15.2)	1개(16.7) 13회(44.8)	20개(24.1) 38회(16.2)
합계	3개, 17회	23개, 57회	51개, 132회	6개, 29회	83개, 235회

＊ 괄호 안 단위는 퍼센트임.

자료: 인민일보 분석 결과를 바탕으로 저자 작성.

후진타오 집권 1기 0퍼센트에서 시진핑 집권 1기 27.5퍼센트로 대폭 증가한다. 국가안보 관련 문제는 후진타오 1기 때부터 30퍼센트대의 비슷한 비중을 차지하고 있다.

빈도수도 국가주권 관련 문제는 후진타오 집권 1기 94.1퍼센트에서 시진핑 집권 1기에 52.3퍼센트로 감소하였지만, 국가발전이익은 0퍼센트에서 15.2퍼센트로 증가하였다. 한 가지 눈여겨볼 점은 국가안보 관련 문제의 빈도수 비중이 후진타오 집권 2기에서 시진핑 집권 1기로 넘어오면서 14퍼센트에서 32.6퍼센트로 증가한 사실이다. 시진핑 집권 시기 들어 중국 정부가 국가안보 관련 특정 문제를 강조하였다고 일차적으로 판단할 수 있다(위의 표 참조).

시진핑 집권 시기, 시진핑의 국가핵심이익 관련 직간접 발언 증가

중국 정치에서 실질적인 최고 권력을 행사하는 중국공산당 중앙정치국 상무위원회 위원中国共产党中央政治局常务委员会委员들의 국가핵심이익 관련 직·간접 발언도 증가하고 있다.[59] 주목할 부분은 시진핑 집권 시기 들어 한편으로는 시진핑의 관련 발언 빈도수가 크게 증가하였고, 다른 한편으론 국가핵심이익 구성 요소 구분이 그의 '규정'대로 국가주권, 안보, 발전이익으로 수렴되었다는 점이다.

상기 기간 인민일보 전문 내용을 분석한 결과, 집권 시기별로 3~5명의 상무위원이 국가핵심이익 관련 발언을 직간접적으로 한 것으로 나타났다. 관련 발언 빈도수 변화를 살펴보면, 후진타오 1기 때 총 10회에 불과했던 상무위원의 관련 발언은 시진핑 1기에 들어 총 68회 검색되었다. 약 7배 증가한 수치이다. 더 중요한 변화는 후진타오 2기 5명의 상무위원 중 시진핑 당시 국가부주석을 제외한 이들의 발언이 평균 6.5회 빈도로 검색된 것에 반해, 시진핑 1기 5년 동안 시진핑 한 사람의 발언이 전체의 약 82퍼센트를 차지하였다는 점이다. 이와 함께 두드러진 한 가지 특징은 자칭린과 위정성俞正声 등 중국인민정치협상회의中国人民政治协商会议, 이하 정협 주석의 국가핵심이익 관련 발언 빈도수가 상대적으로 높았다는 점이다. 이는 정협의 주요 기능이 정치협상, 민주감독, 참정의정 등인 것과 밀접한 연관이 있는 것으로 판단된다.

3

집권 시기별 국가주권 관련 문제와 핵심 이슈

1. '국가주권' 분야 주요 문제

시기	주요 문제
후진타오 1기 2003년 - 2007년	타이완, 역사
후진타오 2기 2008년 - 2012년	타이완, 티베트, 마카오, 댜오위다오, 신장, 홍콩, 애국주의, 국가핵심가치관, 국가통용언어문자, 이슬람교
시진핑 1기 2013년 - 2017년	타이완, 티베트, 신장, 홍콩, 남중국해, 마카오, 댜오위다오, 이데올로기, 동북항일연합군정신, 영토주권분쟁, 주체교육, 전국인민대표대회제도, 평안건설, 파룬공, 가치관, 전략적 전파, 동중국해, 당내정치생활과 당내감독
시진핑 2기 2018년 - 2021년	타이완, 티베트, 마카오, 신장, 홍콩

2000년 1월 1일부터 2018년 12월 31일까지의 인민일보 전문을 국가핵심이익을 키워드로 분석한 결과, 총 69개 국가핵심이익 관련 문제 중 22개가 국가주권과 관련된 것으로 나타났다. 이는 전체 문제 중 31.9퍼센트로 국가안보 다음으로 높은 비중을 차지한다. 하지만 집권 시기별 전체 평균 비중을 살펴보면 42.2퍼센트로 가장 높음을 알 수 있다. 심지어 빈도수는 61.7퍼센트까지 차지하는 것으로 나타난다.

22개 국가주권 관련 문제 중 빈도수 기준 3회 이상 거론된 문제는 총 10개로 58.8퍼센트를 차지한다. 10회 이상 거론된 것은 5개로 '타이완', '티베트', '마카오', '신장', '홍콩' 관련 문제가 해당한다. 이중 2개 이상 집권 시기에서 거론된 문제는 총 7개로 '타이완', '티베트', '마카오', '신장', '홍콩', '댜오위다오', '국가핵심가치관(혹은 '가치관')' 등이 있다. 특히 '타이완' 문제는 총 46회 거론되었을 뿐 아니라 2018년 기준 모든 집권 시기에서 거론된 유일한 국가주권 관련 문제이다.

1.

후진타오 집권 1기

타이완 문제를 핵심이익이자 근본이익으로 접근

후진타오 집권 1기 국가주권 국가핵심이익에 속하는 대표적인 문제는 타이완 관련 이슈이다. 이 시기 국가주권 관련 문제는 타이완과 역사 두 가지로, 전자는 2004년 처음 거론된 이후 총 15회, 연평균 3회 꾸준히 거론된다. 타이완 문제의 연도별 핵심 이슈와 속성을 살펴보면 다음과 같다(아래 표 참조).

후진타오 집권 1기 '국가주권' 관련 국가핵심이익 주요 문제

집권 시기	분야	문제	연도
후진타오 1기 (2003~2007년)	국가주권	타이완	2004년, 2005년, 2006년, 2007년
		역사	2006년

자료: 인민일보 분석 결과를 바탕으로 저자 작성.

후진타오 집권 1기 타이완 문제의 연도별 핵심 이슈와 속성

인민일보 보도 내용을 분석한 결과, 이 시기 중국은 타이완 독립, 특히 분열세력의 국가(혹은 영토) 분열 행위가 국가핵심이익을 해치는 것으로 규정하고, 이와 관련한 타이완의 정책을 폐기하거나 중단할 것을 촉구하고 있다. 구체적으로 살펴보면, 2004년 타이완의 유엔과 세계보건기구 재가입 시도와 유엔인권이사회의 내정간섭 문제가 불거지면서 중국의 국가핵심이익 침해 논란이 일어난다.

2005년에는 3월 14일 제10회 전국인민대표대회에서 「반분열국가법」이 통과되면서 이 법과 국가핵심이익 간 관계가 조명된다. 이와 함께 눈여겨볼 것은 2005년 3월 4일 후진타오 국가주석이 새로운 형세하의 양안관계 발전을 위한 네 가지 의견을 제시하였다는 점이다.[60]

2006년에는 법리적 독립을 위한 헌법 수정 문제가 불거진다. 2005년 3월 4일 후진타오 중국 국가주석은 2000년 5월 천수이볜陈水扁 총통의 '사불일몰유四不一没有'와 법리적 독립을 위한 헌법 수정을 하지 않겠다는 약속이 공염불이 아니기를 바란다고 공개적으로 밝힌다.[61] 그런데 2006년 들어 천수이볜이 '국가통일위원회国统会'와 '국가통일강령国统纲领' 중단을 선언하면서 '사불일몰유'을 둘러싼 논란이 발생한 것이다. 국통회와 국통강령은 중국 통일과 타이완해협 양안관계 발전을 위해 설치한 행정조직과 최고 지도원칙最高指导原则으로, 이를 '폐지'한다는 것은 양안 관계의 현상을 변경하겠다는 것이다

2007년에는 중국공산당 제17차 전국대표대회 당보고서 내용, 9월 천수이볜의 유엔가입 신청 시도 실패 등을 포함하여 2006년에 이어 다시 한 번 중일 관계 측면에서 타이완 문제와 국가핵심이익이 다루어진다.「중일연합성명中日联合声明」등 세 개 정치 문건에서 약속한 대로 타이완 문제를 다루는 것이 중일 관계의 건강한 발전을 실현하는 것임을 강조한다.

중국은 타이완 문제를 국가핵심이익으로 보고 있다. 이는 중국에게 있어 '인민단결', '민족단결', '민족근원'을 포함한 국가주권 이슈이자 '국가영토주권완정'과 '국가와 영토완정' 등으로 표현되는 영토완정의 문제이다. 또한 평화적 국가통일을 이루어야 하는 '조국통일', '국가통일', '평화통일'의 문제이기도 하다. 더 나아가 타이완과의 관계는 작게는 '양안의 공동 발전' 크게는 '중화 민족의 위대한 부흥'과 연관된 국가발전이익 문제이며, '타이완해협과 아태지역 평화 안정'과 직결된 국가안보 문제이기도 하다. 영토완정과 국가통일 속성을 포함한 국가주권 관련 문제이지만 이와 동시에 국가안보와 국가발전이익의 관점에서도 보고 있는 것이다.

연도별 빈도수를 통한 핵심 속성을 살펴보면, 2004년에서 2007

후진타오 집권 1기 '타이완' 문제의 국가핵심이익 분야와 세부 속성

문제	집권 시기		분야	세부 속성
타이완	후진타오 1기	2004년	국가주권	•국가주권
		2005년	국가주권	•영토완정 •국가통일
		2006년	국가주권	•국가통일
		2007년	국가주권	•정치제도와 사회 안정 •국가주권 •영토완정 •국가통일

* 세부 속성은 빈도수 높은 속성만 기입.
자료: 인민일보 분석 결과를 바탕으로 저자 작성.

년 모두 타이완을 국가주권 관련 문제로 보고 있다. 다음 표를 기준으로 좀 더 세부적으로 살펴보면, 2004년에는 타이완 문제를 국가주권 그 자체 문제로 인식하고 있지만, 2005년 들어 영토완정과 국가통일 문제로 규정하고 있다. 국가통일 문제로 보는 인식은 2006년까지 이어지다가, 2007년에는 국가주권과 그 세부 분야 모두로 규정하고 있다. 2005년과 2006년 들어 타이완의 독립 시도 문제가 불거지면서 포괄적 의미의 국가주권보다 국가통일이라는 상대적으로 구체적인 시각에서 접근하였다고 판단할 수 있다.

국가이익 관점에서 중국은 타이완을 핵심이익으로 규정하는 한편 민족적 차원에서도 접근하고 있다. 중국은 타이완 문제를 민족적

차원에서 '근본이익'으로도 인식하고 있다. 2005년 총 3회에 걸쳐 타이완 문제를 '중화민족' 혹은 '전 중국인민의 근본이익'으로 명명하였고, 2007년 다시 한 번 '전 중국인민의 근본이익'으로 규정하였다. 이외에 중국은 타이완 문제를 '중화민족의 핵심이익', 중국 각 민족과 인민의 '공동염원'으로 묘사할 뿐만 아니라 전 중국인민의 '공동의무'로까지 규정하고 있다.

2.

후진타오 집권 2기

티베트, 마카오, 댜오위다오 문제 부각

후진타오 집권 2기에 들어 국가주권 관련 국가핵심이익 문제는 1개가 줄고 9개가 추가되어 총 10개로 늘어난다. 이 중 5회 이상 거론된 문제는 4개로 '타이완'(12회), '티베트'(10회), '마카오'(7회), '댜오위다오'(5회) 등이 해당한다. 높은 빈도로 거론된 네 가지 문제의 핵심 이슈와 속성을 살펴보면 다음과 같다.

후진타오 집권 2기 '국가주권' 관련 국가핵심이익 주요 문제

집권 시기	분야	문제	연도
후진타오 2기 (2008~2012년)	국가주권	타이완	2008년, 2009년, 2010년
		티베트	2008년, 2009년, 2010년, 2011년
		마카오	2009년, 2012년
		댜오위다오	2010년, 2012년
		신장	2009년, 2010년
		홍콩	2012년
		애국주의	2008년, 2009년, 2011년
		국가핵심가치관	2010년
		국가통용언어문자	2011년
		이슬람교	2011년

자료: 인민일보 분석 결과를 바탕으로 저자 작성.

후진타오 집권 2기 타이완 문제의 연도별 핵심 이슈와 속성

후진타오 집권 2기에도 1기 때와 마찬가지로 국가와 조국을 분열시키고자 하는 주장과 활동을 국가핵심이익 침해로 규정하고 있다. 집권 1기 때와 비교하여 다소 차이를 보이는 부분은 타이완의 구체적인 분열 활동이나 행위를 비판하기보다 자국의 대[對]타이완 정책과 원칙

을 강조한다는 점이다.

중국은 2008년 1월 17일자 인민일보 '국내 중요 뉴스国内要闻'를 발표해 당의 제17대 보고서에서 거론한 '하나의 중국 원칙一个中国原则'의 역사와 의미를 조명한다. 기사 내용에 따르면, '두 개의 중국两个中国', '일중일대一中一台', '양국론两国论', '일변일국론一边一国论', '탈중국화去中国化' 등의 논조와 수단은 하나의 중국이라는 현재 상황을 곡해하는 것일 뿐 아니라 민족대의와 국가핵심이익에 대한 도전으로 규정한다. 3월 5일자 신문에서는 제11회 정협 1차 회의에서 후진타오 국가주석의 발언을 인용, '평화통일, 일국양제和平统一, 一国两制' 방침과 조국 평화통일 과정의 여덟 개 주장팔항주장, 八项主张과 함께 2005년 3월 4일 제시한 네 가지 의견을 다시 한 번 강조한다.[62]

2009년도 타이완 관련 국가핵심이익 문제 중 가장 눈에 띄는 이슈는 해외 일부 의회의 도발이다. 우방궈吴邦国 전국인민대표대회상무위원회(이하 전인대) 위원장은 3월 9일 제11회 전국인민대표대회 2차 회의에서 다른 국가 의회와의 대외 교류를 보고하면서 일부 국가 의회의 도발을 거론한다. 일부 국가 의회가 타이완과 티베트 등을 문제 삼는 것에 우방궈 위원장은 외사위원회의 발언 등으로 적극 대응하여 국가핵심이익을 수호하고 있음을 밝힌다. 2009년 12월 3일에는 중요 뉴스에서 자칭린 정협 주석이 아시아와 남미 4개국 순방 때 각국 정부와 의회 고위층에 타이완과 티베트 문제에 관한 중국의 입장과 국가핵심이익 수호 노력을 소개하였음을 보도한다.

2010년도 역시 전인대의 대외 교류 중 국가핵심이익 수호 노력을 강조하고 있음을 알 수 있다. 다른 한편 우웨이궈于伟国 샤먼시厦门市 당서기의 기고문이 인민일보에 실린 것은 주목할 부분이다. 이 글에서 그는 샤먼시가 민족의 근본이익과 국가핵심이익을 위해 최전선에서 중앙정부의 타이완 정책을 실행하고 있음을 소개하였다.

후진타오 집권 2기 때도 마찬가지로 중국은 타이완을 국가주권, 국가안보 그리고 국가발전이익 모두와 연관된 문제로 규정하고 있다. 하지만 국가주권을 핵심으로 인식하고, 연도별로 강조하는 세부 분야가 다름을 알 수 있다.

이 시기 타이완이 국가핵심이익 관련 문제로 거론된 3년 중 가장 두드러진 특징을 보인 해는 2008년으로, 그 어느 때보다 국가통일이 강조된다. 2008년 국가핵심이익을 키워드로 타이완 문제 내용을 분

후진타오 집권 2기 '타이완' 문제의 국가핵심이익 분야와 세부 속성

문제	집권 시기		분야	세부 속성
타이완	후진타오 2기	2008년	국가주권	• 국가통일
		2009년	-	-
		2010년	국가주권	• 국가주권

* 세부 속성은 빈도수 높은 속성만 기입.
자료: 인민일보 분석 결과를 바탕으로 저자 작성.

석한 결과, 전체의 약 36.4퍼센트를 국가통일 관련 문제로 규정하고 있고, 범위를 국가주권으로 좁히면 약 53.3퍼센트까지 비중이 높아진다. 중국은 타이완을 '국가통일', '양안 평화통일', '조국완전통일', '조국평화통일'의 대상으로 인식하고 있음을 발견할 수 있다.

후진타오 집권 2기에도 타이완을 국가핵심이익이자 '민족의 근본이익'으로 인식하고 있다. 2008년 총 3회에 걸쳐 타이완 문제를 '중화민족' 혹은 '양국과 양국 인민의 근본이익'으로 규정하였고, 2009년과 2010년에 다시 한 번 민족의 근본이익으로 명명하였다.

후진타오 집권 2기 티베트 문제의 연도별 핵심 이슈와 속성

후진타오 집권 2기에는 티베트가 타이완 다음으로 많이 거론된 국가핵심이익 관련 문제로, 2008년부터 매년 이슈가 되고 있다. 티베트 문제와 관련하여 중국이 가장 민감해하는 이슈 중 하나는 달라이 라마의 외국 방문과 방문 국가 지도층과의 회담이다. 중국은 이를 자국의 국가핵심이익을 해치는 행위로 인식하고 있다.

연도별 구체적 이슈를 살펴보면, 2008년 중국은 전인대와 정협의 관련 방침 선전과 달라이 라마의 분열 활동을 저지하는 대외 업무를 강조한다. 이와 함께 프랑스 대통령의 달라이 라마 회견을 문제 삼는다. 당시 니콜라 사르코지Nicolas Sarkozy 프랑스 대통령은 베이징 올림픽 개막식 보이콧과 8월 달라이 라마 회견 사건에도 불구하고 제11차 중-EU 정상회담을 2주 앞두고 12월 폴란드 그단스크Gdansk에서 거행되는 노벨평화상 수상자 모임에서 달라이 라마와 회견하겠다는 의사를 내비친다. 이 일로 양국 관계가 급속히 악화된다.

2009년도 역시 전인대와 정협의 활동, 특히 자칭린 정협 주석의 아시아와 남미 4개국 순방 성과가 조명된다. 4월 2일에는 외교부 대변인 기자회견에서 중국은 세계 어떤 국가도 티베트 독립과 티베트 망명정부를 인정하는 것을 용납하지 않을 것이며, 이는 국제법과 국제관계 준칙 그리고 다른 국가가 중국의 국가핵심이익과 중대관심重大关切을 준수하는가의 원칙적 문제임을 명확히 밝힌다.

2010년과 2011년에는 2008년에 이어 다시 한 번 외국 지도층과 달라이 라마의 회견이 문제가 된다. 당시 논란을 일으킨 대상은 버락 오바마Barack Obama 미국 대통령이다.

후진타오 집권 2기 때 중국은 티베트를 국가주권 관련 국가핵심이익 문제로 인식하고 있다. 타이완 문제와 비교했을 때, 국가안보와 국가발전이익의 연관성도 인지하고 있지만, 상대적으로 국가주권과 더욱 밀접히 관련된 문제로 규정한다.

연도별 핵심 속성을 살펴보면, 2008년 중국 헌법이 확립한 국가

후진타오 집권 2기 '티베트' 문제의 국가핵심이익 분야와 세부 속성

문제	집권 시기		분야	세부 속성
티베트	후진타오 2기	2008년	국가주권	• 정치제도와 사회 안정
		2009년	국가주권	• 국가주권 • 영토완정
		2010년	국가주권	• 영토완정
		2011년	국가주권	• 국가주권

＊ 세부 속성은 빈도수 높은 속성만 기입.
자료: 인민일보 분석 결과를 바탕으로 저자 작성.

정치제도와 사회의 전반적 안정 관점에서 티베트 문제가 논의된다. 2009년에는 국가주권과 영토완정이 동시에 강조되었음을 알 수 있다. 2010년에는 '고유영토', '영토주권' 등 영토완정이 다시금 강조된다. 마지막으로 2011년에는 '내정'과 '민족존엄' 방면에서 국가주권과 관련된 이슈로 부각되었음을 알 수 있다.

다른 한편, 중국은 티베트를 국가핵심이익이자 '중대 관심'과 '중대 문제'로 인식하고 있다. 그뿐 아니라 공동이익의 시각에서도 접근하고 있음을 알 수 있다. 중국은 자국의 국가핵심이익을 존중하지 않는 것을 양국 간의 공동이익을 해치는 행위로 간주한다. 또한 이런 행위를 '중국인민의 감정'을 해치는 것으로도 인식하고 있다.

후진타오 집권 2기 마카오 문제의 연도별 핵심 이슈와 속성

후진타오 집권 2기에 마카오 관련 국가핵심이익 문제는 2009년과 2012년 두 해에 걸쳐 총 7회 거론된다. 마카오특별행정구역 기본법 실시 10주년을 기념하여 기본법을 철저히 실시하고, '일국양제한 나라 두 체제'를 실천할 것임을 강조한다.

연도별 핵심 이슈를 살펴보면, 2009년 12월 4일 마카오특별행정구역 기본법 실시 10주년 좌담회에서 우방궈 상무위원은 마카오 동포들의 '애국주의' 정신을 거론하며, 마카오 동포들이 중앙정부의 마카오에 관한 주권 행사 회복, 마카오가 조국의 일부라는 사실, 마카오 사무는 중국의 내정이라는 점을 인정하고 지지할 뿐 아니라 스스로 국가의 핵심이익과 중앙의 권위를 보호하고 있음을 강조한다. 또한 2009년 통과된 「국가안보법国家安全法」으로 마카오 사회의 국가 관념이 더욱 강화되었고, 국가의 핵심이익을 더욱 강력히 보호할 수 있게 되었다는 점을 강력히 설파한다.

2012년에는 마카오 회귀回归 13년을 회고하며 '일국양제' 방침이 시대 조류와 역사 추세에 순응하는 것이며 민족근본이익과 국가핵심이익임을 재차 강조한다.

후진타오 집권 2기에 중국은 마카오 문제를 국가주권 관련 국가

후진타오 집권 2기 '마카오' 문제의 국가핵심이익 분야와 세부 속성

문제	집권 시기		분야	세부 속성
마카오	후진타오 2기	2009년	국가주권	• 국가주권
		2012년	국가주권	• 국가통일

＊ 세부 속성은 빈도수 높은 속성만 기입.
자료: 인민일보 분석 결과를 바탕으로 저자 작성.

핵심이익으로 인식하고 있다. 타이완과 티베트 문제와 비교하였을 때 눈에 띄는 부분은 '사회제도', '주권 행사와 내정', '단결', '사회 공감대' 등의 관점에서 접근하고 있다는 점이다. 2009년에는 국가발전 이익, 2012년에는 국가통일 이슈와 관련성이 상당한 비중으로 다루어지고 있음을 발견할 수 있다.

중국은 마카오 문제도 민족적 차원에서 접근한다. 마카오 문제를 국가핵심이익과 동시에 민족의 '근본이익'으로 규정하며, '중앙의 권익'을 강조하고 이러한 인식과 처리가 '정확한 방침'임을 설파하고 있다.

후진타오 집권 2기 댜오위다오 문제의 연도별 핵심 이슈와 속성

2010년을 기점으로 댜오위다오 문제는 중일 갈등의 핵심 이슈로 등장한다. 중국 정부는 댜오위다오를 둘러싼 일련의 사건을 자국의 주권을 침해하는 국가핵심이익 관련 문제로 규정하고 일본과 첨예한 대립 양상을 보인다.

연도별 핵심 이슈를 살펴보면, 2010년 9월 7일 일본 해상방위청 순시선 2척과 중국 어선이 충돌하는 사건이 발생한다. 댜오위다오 주변 일본 영해에서 불법조업 혐의가 있는 중국 어선을 일본 해상보안청이 출입검사를 하려고 하자, 중국 어선이 도주하며 다른 순시선인 '미주기호'의 선체를 들이박는다. 일본 해상보안청은 이를 의도적인 행위로 간주하고 공무집행방해혐의로 중국 어선과 선장을 포함한 15명을 체포하고, 일본 국내법에 근거하여 기소한다. 2010년 9월 24일 일본 오키나와현 나하지방검찰청이 중국인 선장 석방 결정을 내리면서(선원 14명은 같은 달 13일 석방) 갈등을 일으킨 주요 사건은 일단락되지만 이를 계기로 댜오위다오를 둘러싼 중일 간 갈등은 표면화되고 더욱 첨예해진다.[63] 이 과정에서 중국은 댜오위다오 문제를 국가핵심이익으로 규정하고, 인민일보는 평론을 통해 "주권, 통일과 영토완정 문제에서 중국은 절대 양보와 타협을 하지 않을 것"임을 밝힌다.

중일 간 댜오위다오를 둘러싼 분쟁은 2012년 일본 정부의 센카쿠 열도 국유화 선언으로 다시 한 번 가열된다. 2012년 4월 17일 이시하라 신타로石原慎太郎 도쿄 도지사는 센카쿠 열도를 매입하겠다고 선언한다. 그리고 같은 달 28일에 센카쿠 열도 매입을 위한 기부금 모금 운동을 개시한다. 이때까지만 해도 일본 지방 정부의 단독적인 행동으로 볼 수 있는 측면이 강하였다. 하지만 같은 해 7월 7일 일본 정부가 센카쿠 열도를 국유화하겠다고 결정하며 문제의 성질은 바뀌게 된다.[64]

2014년 11월 APEC 중일 정상회담에서 양국 관계 개선을 위한 4개 원칙에 합의하는 등 양국은 지속적으로 갈등 국면을 진정시켜 나가고 있지만 댜오위다오 분쟁은 여전히 미해결 문제로 남아 있다. 심지어 무력 충돌 직전까지 가는 초긴장 상황이 발생하는 등 문제의 심각성은 더해지고 장기화되고 있다.

한 가지 주목할 부분은 댜오위다오 문제와 관련하여 중국이 일본뿐 아니라 미국도 함께 비판하고 있다는 점이다. 인민일보 2012년 8월 21일자 평론을 통해 중국은 일본육상자위대의 미 해병대 '섬 탈환 작전夺岛作战' 훈련 참가와 일본의 댜오위다오 문제를 '미일안보조약The U.S.-Japan Security Treaty'에 적용시키려는 의도라고 비판한다.[65] 2012년 12월 3일 평론에서는 미국 참의원의 2013년 '국방수권법안National Defense

후진타오 집권 2기 '댜오위다오' 문제의 국가핵심이익 분야와 세부 속성

문제	집권 시기		분야	세부 속성
댜오위다오	후진타오 2기	2010년	국가주권	• 영토완정
		2012년	국가주권	• 영토완정

주: 세부 속성은 빈도수 높은 속성만 기입.
자료: 인민일보 분석 결과를 바탕으로 저자 작성.

Authorization Act'에서 댜오위다오를 '미일안보조약' 적용 대상으로 규정한 것은 중국의 국가핵심이익을 침해하는 결정이라고 강력히 비판한다. 댜오위다오 문제가 단순히 중일 간 영토분쟁을 넘어 '해양권익' 등의 문제와 연관되어 미국 동맹국과 중국 간 지역 패권 경쟁 이슈가 된 것이다.

후진타오 집권 2기에 중국은 댜오위다오를 국가주권 중에서도 영토완정 문제로 인식한다. 영토분쟁인만큼 영토완정의 측면에서 접근하는 것이다. 한 가지 주목할 점은 2012년 이 문제를 국가안보 측면에서 접근하려는 시각이 증가하였다는 것이다. 미일 연합 군사훈련뿐만 아니라 미일안보조약이 핵심 이슈가 되면서 '지역평화안정'을 저해하는, 즉 중국의 국가안보를 침해하는 행위로 인식하게 된 것이다.

3. 시진핑 집권 1기 남중국해 문제 이슈화

시진핑 집권 1기 국가주권 관련 문제는 기존 10개에서 3개가 빠지고 11개가 추가되어 총 18개인 것으로 분석되었다. 후진타오 집권 2기 때와 비교해 보면, '타이완', '티베트', '신장', '홍콩', '마카오', '댜오위다오', '가치관' 등 7개 문제는 시진핑 집권 1기에도 지속적으로 거론되고 있다. 새로 추가된 문제로는 '남중국해', '이데올로기', '동북항일연합군정신', '영토주권분쟁', '주체교육', '전국인민대표대회제도', '평안건설', '파룬궁', '전략적 전파', '동중국해', '당내 정치생활과 당내 감독' 등이다. 이중 5회 이상 거론된 문제는 총 5개로 '타이완'(14회), '티베트'(10회), '신장'(8회), '홍콩'(7회), '남중국해'(6회) 등이 포함된다. 높은 빈도수의 다섯 가지 문제를 구체적으로 살펴보면 다음과 같다.

시진핑
집권 1기
'국가주권'
관련
국가핵심이익
주요 문제

집권 시기	분야	문제	연도
시진핑 1기 (2013~2017년)	국가주권	타이완	2013년, 2014년, 2015년, 2016년, 2017년
		티베트	2013년, 2014년, 2015년, 2016년, 2017년
		신장	2014년, 2015년, 2016년, 2017년
		홍콩	2015년, 2016년, 2017년
		남중국해	2013년, 2014년, 2016년
		마카오	2015년, 2016년, 2017년
		댜오위다오	2013년, 2014년
		이데올로기	2013년, 2015년
		동북항일연합군정신	2014년
		영토주권분쟁	2014년
		주체교육	2014년
		전국인민대표대회제도	2014년
		평안건설	2014년
		파룬궁	2014년
		가치관	2015년
		전략적 전파	2015년
		동중국해	2016년
		당내 정치생활과 당내 감독	2016년

자료: 인민일보 분석 결과를 바탕으로 저자 작성.

시진핑 집권 1기
타이완 문제의 연도별 핵심 이슈와 속성

타이완은 시진핑 집권 1기 때도 빈도수가 가장 높은 국가주권 관련 문제로 매년 2회 이상 거론되고 있다. 특히 2016년에는 타이완 문제가 6회나 거론될 정도로 상대적으로 크게 부각되었다. 또한 타이완 문제와 관련하여 국가핵심이익은 중국의 '레드라인red line, 红线'이자 '마지노선'임을 명확히 밝히고 있다.

연도별 중국의 입장과 구체적인 이슈를 살펴보면 다음과 같다. 2013년 중국은 중앙의 타이완공작 국정방침对台工作大政方针이 국가핵심이익과 민족의 근본이익을 구현한다는 점을 「타이완 동포에게 고하는 글告台湾同胞书」 발표 35년간의 실천이 증명하고 있음을 강조한다. 중국은 이 방침을 18대에서도 견지할 것이며, 중화민족의 위대한 부흥 과정에서 조국통일의 대업을 반드시 이룰 것임을 천명한다.

2014년에는 국가핵심이익을 결연히 수호하는 것은 중국 외교의 신성한 사명으로, 국제적으로 타이완 독립 등 분열 세력의 파괴 활동을 억제하고 국제 폭력적 테러 활동의 국내 침투를 막아야 함을 강조한다. 이런 차원에서 위정성은 중국종교계평화위원회中宗和, 이하 중종회의 적극적인 역할을 높이 평가한다.

2015년 주목할 부분은 군중 조직의 역할을 주문한 사실이다. 민족단결 차원에서 민족분열 반대와 조국통일수호운동을 전개해야 하며, 타이완 동포와의 왕래와 교류를 강화하여 국가현대화건설과 조국평화통일을 추진해야 함을 설파한다.

2016년에는 '일국양제'의 견지와 함께 타이완 독립을 주장하는 분열 세력을 규탄하였고, 2017년에는 2014년에 이어 중종회의 역할을 강조함과 동시에, 타이완 공작의 원칙과 마지노선을 다시 한 번 명확히 한다. '일국양제'의 의미, 특히 '일국'은 원칙이라는 점을 강조한 것이다.

중국은 시진핑 집권 1기 때와 마찬가지로 타이완을 국가주권과 국가통일 관련 문제로 규정하고 있다. 그러나 2014년, 2016년, 2017년에는 타이완 문제를 국가안보 차원에서 접근하려는 것을 맥

시진핑 집권 1기 '타이완' 문제의 국가핵심이익 분야와 세부 속성

문제	집권 시기		분야	세부 속성
타이완	시진핑 1기	2013년	국가주권	• 국가통일
		2014년	국가주권	• 국가주권
		2015년	국가주권	• 국가통일
		2016년	국가주권	• 국가주권
		2017년	국가주권	• 국가주권 • 국가안보

＊ 세부 속성은 빈도수 높은 속성만 기입.
자료: 인민일보 분석 결과를 바탕으로 저자 작성.

락에서 읽어 낼 수 있다. 이 시기 분열 문제가 부각된 영향이라고 판단된다.

시기별 속성을 살펴보면, 국가통일의 시각이 컸던 2013년과 2015년에는 타이완을 '조국통일'과 '평화통일' 혹은 '조국평화통일' 문제로 접근하였음을 확인할 수 있다. 국가주권이 강조된 2014년과 2016년에는 '민족존엄'과 '국가독립'이 거론된 점이 눈에 띈다. 다른 한편, 후진타오 집권 시기와 달리 시진핑 집권 시기는 타이완 문제를 '민족의 근본이익' 차원에서 접근하지 않고 있음을 발견할 수 있다. 첫 해인 2013년을 마지막으로 '민족의 근본이익' 용어가 거론되고 있지 않다. 이는 중국이 타이완을 국가핵심이익 관련 문제로 확실히 규정하고 국가이익 차원에서 접근하겠다는 의지가 반영된 결과라고 판단된다.

시진핑 집권 1기 티베트 문제의 연도별 핵심 이슈와 속성

시진핑 집권 1기 때도 후진타오 집권 2기와 같이 티베트 문제는 높은 비중으로 다루어지고, 타이완 문제와 함께 매년 꾸준히 제기되고 있다. 이 시기에는 달라이 라마 회견 문제가 다시 한 번 이슈가 된다. 이와 함께 분열 세력의 파괴 활동과 신장 문제에서처럼 중국경제사회이사회中经会, 이하 중경회와 중종회의 역할이 조명된다. 한 가지 주목할 부분은 시진핑의 연설을 통해 신형국제관계 측면에서 티베트 문제가 국가핵심이익과 관련되어 있다는 점이 거론된 점이다.

연도별 구체적 이슈를 살펴보면 다음과 같다. 2013년 제5회 중영경제재금대화中英经济财金对话를 계기로 중영 관계를 평가하면서, 중국은 영국이 과거 티베트 문제에서의 잘못을 인정하고 중국의 주권과 영토완정 존중을 전제로 한 것이 양국 관계 발전의 밑바탕이 되었음을 설명한다. 이런 맥락에서 월스트리트저널The Wall Street Journal에서 영국 외교관의 말을 인용, 앞으로 새로운 영국 수상이 달라이 라마를 회견할 수 있다는 것을 마오쩌둥毛泽东의 시구절인 '비부감수담하이蚍蜉撼树谈何易, 왕개미가 큰 나무를 흔들어 움직이려는 것이 어찌 쉽다고 말할 수 있는가'를 인용하여 우회적으로 비판한다.

2014년에는 정협, 특히 중경회와 중종회의 역할과 성과 차원에서 주권안보 수호가 조명된다. 9월 16일 중종회 제4회 1차 회의에서 위정성은 중종회가 성립 20년 동안 국가핵심이익 수호를 위해 노력하였고, 중국의 종교 정책을 전 세계에 알리면서 조국통일, 민족단결, 종교화목 수호를 위해 탁월한 업적을 쌓았다는 점을 높게 평가한다. 다른 한편, 7월 15일 중국은 시진핑 총서기의 연설을 인용하여 신형국제관계 건립 과정에서, 분열 세력의 파괴 활동을 억제하고, 국제테

시진핑 집권 1기 '티베트' 문제의 국가핵심이익 분야와 세부 속성

문제	집권 시기		분야	세부 속성
티베트	시진핑 1기	2013년	국가주권	• 국가주권 • 영토완정
		2014년	국가주권	• 국가안보 • 국가주권
		2015년	-	-
		2016년	국가주권	• 국가주권
		2017년	-	-

* 세부 속성은 빈도수 높은 속성만 기입.
자료: 인민일보 분석 결과를 바탕으로 저자 작성.

러활동의 국내 침투를 막아야 함을 강조하였다. 국가주권 및 안보와 직결된 사안이라는 것이다.

2015년, 2016년, 그리고 2017년에도 중국은 정협의 전국위원회 회의를 개최해 국가핵심이익 수호를 위한 정협의 대외활동, 특히 중경회와 중종회의 역할을 재차 강조하며 높게 평가한다. 2016년 5월 11일에는 다시 한 번 2014년 7월 15일에 이어 새로운 국제관계 건립 차원에서 시진핑 총서기의 국가핵심이익 수호에 관한 연설을 재차 인용한다.

시진핑 집권 1기 때도 중국은 티베트를 국가주권과 밀접하게 관련된 국가핵심이익 문제로 접근한다. 2014년 '지역평화안정', '세계

평화와 발전', '주권안보' 등 국가안보 측면을 거론하지만 직결된 문제로는 보고 있지 않다. 또한 중종회의 역할을 강조한 만큼 국가주권 중에서도 '민족단결', '종교화목' 등 국가통일 측면을 강조하고 있음을 확인할 수 있다.

이밖에 정협의 대외 교류 맥락에서 국가핵심이익 수호 역할이 거론되면서, '중국공산당 영도의 다당합작', '정치협상제도', '사회주의 협상민주'의 중요성이 설명되고 있다. 이런 중국의 독특한 정치제도는 티베트 문제뿐 아니라 중국 헌법이 확립한 국가정치제도와 사회의 전반적 안정과도 관련되어 있음을 확인할 수 있다.

시진핑 집권 1기 신장 문제의 연도별 핵심 이슈와 속성

신장 문제는 시진핑 집권 1기에 들어 처음으로 높은 빈도수로 거론되기 시작한다. 후진타오 집권 2기 때도 2009년과 2010년에 총 3회 제기되었지만, 타이완, 티베트, 마카오 등의 문제보다 중요도가 떨어졌다.

이 시기 신장 문제를 전반적으로 살펴보면 티베트 문제와 비슷한 배경에서 거론되고 있음을 알 수 있다. 특히 중경회와 중종회의 활동이 강조되고 있다. 다른 한편 동투르키스탄East Turkistan, 东突厥斯坦 이슈도 중요하게 다루어지고 있다.

맥락을 기준으로 살펴보면, 신장은 정협 전국위원회 회의에서 티베트 문제와 함께 정협의 대외 교류 업무, 특히 중경회와 중종회의 역할 차원에서 거론된다. 그중에서도 타이완, 티베트, 신장, 파룬궁 문제에서 중종회의 자국 종교정책 전파와 '조국통일', '민족단결', '종교화목' 등을 위해 큰 역할을 하였음을 평가하고 있다.

동투르키스탄 문제는 새로운 국제관계 건립에 관한 시진핑 총서기의 주요 연설을 소개하고 인용하는 과정에서 거론된다. 앞서 티베트 문제에서 살펴본 바와 같이 중국은 타이완과 티베트 독립을 위한 국제적인 운동과 동투르키스탄 분열 세력의 파괴 활동을 억제하는 동시에 국제 테러 조직의 국내 침투를 막아 국가주권과 안보를 수호하겠다는 입장이다. 이 맥락에서 주목할 점은 국가주권, 안보, 발전이익 수호를 외교공작의 기본 출발점이자 도착점으로 명명한 부분이다. 국가핵심이익이 중국 대외정책의 원칙이자 기준임을 명시한 것이다.

시진핑 집권 1기 중국은 신장을 국가주권 관련 국가핵심이익으로 인식하고 있다. 하지만 전반적인 신장 이슈와 동투르키스탄 이슈를 다른 시각에서 접근하고 있음을 발견할 수 있다. 연도별로 강조되는 핵심 속성에도 차이가 있다.

시진핑 집권 1기 '신장' 문제의 국가핵심이익 분야와 세부 속성

문제	집권 시기		분야	세부 속성
신장	시진핑 1기	2014년	국가주권	• 국가주권
		2015년	-	-
		2016년	국가주권	• 국가주권
		2017년	국가주권	• 정치제도와 사회 안정

* 세부 속성은 빈도수 높은 속성만 기입.
자료: 인민일보 분석 결과를 바탕으로 저자 작성.

우선 중국은 신장 문제를 2014년에는 '조국통일', '민족단결', '종교화목' 등 국가통일 관점에서, 2016년과 2017년에는 중국 헌법이 확립한 국가정치제도와 사회의 전반적 안정 관점에서 접근하고 있다.

이에 반해, 동투르키스탄이 직접적으로 거론된 때에는 '국가주권'은 물론 '국가독립' '민족존엄' 등의 요소 등이 강조되고, '지역평화안정' 등 국가안보 부분이 함께 고려되는 것을 분석 결과 확인할 수 있다.

종합적으로 판단하였을 때, 매년 국가주권의 맥락에서 거론되지만, 후진타오 집권 2기인 2009년에는 국가통일, 2014년에는 국가안보, 2016년에는 국가주권, 2017년에는 중국 헌법이 확립한 국가정

치제도와 사회의 전반적 안정 속성이 상대적으로 부각되었음을 알 수 있다.

시진핑 집권 1기 홍콩 문제의 연도별 핵심 이슈와 속성

시진핑 집권 1기에 들어 홍콩은 중요한 국가핵심이익 문제로 대두된다. 2012년에도 홍콩이 국가핵심이익 관련 문제라는 기사가 실렸지만 이슈화되지는 않았다. 참고로 관련 기사 내용을 살펴보면, 2012년 6월 29일 중국은 중국인민해방군 주홍콩부대 사령관 짱스보张仕波와 정치위원 왕쩡보王增钵의 글에서 국가핵심이익 수호는 군대 주둔의 근본가치根本价值라고 하였다. 10월 25일에는 더욱 원론적으로 마카오 문제와 함께 '일국양제'를 정확한 방침으로 규정하면서, 민족의 근본이익과 국가핵심이익을 수호하는 것이라고 하였다.

하지만 2014년 9월부터 12월까지 홍콩 행정장관(행정수반) 선거안이 계기가 되어 일어난 '우산혁명umbrella revolution'의 영향으로 홍콩 문제는 급속히 이슈화된다. 우산혁명은 2014년 8월 31일 중국 전국인민대표대회전인대가 친중국계로 구성된 후보 추천위원회의 과반 지지를 얻은 인사 2~3명으로 행정장관 입후보 자격을 제한한 것에 반

시진핑 집권 1기 '홍콩' 문제의 국가핵심이익 분야와 세부 속성

문제	집권 시기		분야	세부 속성
홍콩	시진핑 1기	2015년	국가주권	• 국가통일
		2016년	국가주권	• 정치제도와 사회 안정 • 영토완정 • 국가안보
		2017년	국가주권	• 국가주권 • 국가안보

* 세부 속성은 빈도수 높은 속성만 기입.
자료: 인민일보 분석 결과를 바탕으로 저자 작성.

발하여 일어난 홍콩 민주화 시위이다. 이에 대해 2015년 중국은 당의 군중 조직 공작을 개진하고 강화할 것을 명령하며, 홍콩, 마카오, 타이완 동포, 해외 교포들과의 왕래와 교류를 강화하여 국가현대화건설과 조국평화통일을 추진해야 한다는 의견을 제시한다. 특히 민족단결을 위한 활동을 광범위하게 전개하고, 선전교육을 강화하며, 군중 동원을 통해 민족분열을 반대하고, 조국통일을 수호해야 함을 설파한다.

우산혁명으로 홍콩의 민주화 열망이 커진 상황에서 2016년 10월 12일 홍콩 입법회立法会 의원 입직入职 선언식에서 2명의 젊은 '본토파本土派' 의원이 홍콩 독립을 주장하면서 논란은 다시금 불거진다. 이에 중국은 홍콩 독립 주장이 '일국양제' 방침에 대한 엄중한 도전인

동시에 국가주권, 영토완정, 국가안보 등 국가핵심이익과 중앙 권위에 대한 도전이라고 규정한다. 이 사건은 중화인민공화국 성립 67주년을 맞아 '일국양제', '항인치항港人治港, 홍콩인이 홍콩을 다스린다는 뜻' 등 고도의 자치 방침을 견지하겠다고 천명한 지 얼마 되지 않아 발생한 것으로, 중국은 이후에도 일국양제 특히 '일국' 원칙을 견지하고, 중앙권력과 기본법 권위 등에 대한 도전에 견고히 대응하겠다는 입장을 밝힌다. 2017년에도 중국은 시진핑 국가주석의 연설에서, 일국 원칙을 견지하며 이에 반하는 행위를 국가주권안보 침해, 중앙권력과 기본법 권위에의 도전으로 규정한다.

중국은 홍콩 문제 역시 기본적으로 국가주권 관련 국가핵심이익으로 보고 있다. 하지만 2016년을 전후로 구체적인 인식에 차이를 보인다. 2015년까지만 해도 중국은 후진타오 집권 2기인 2012년 때와 마찬가지로 홍콩을 여전히 '조국통일', '국가통일', '조국평화통일' 등 국가통일 관련 문제로 인식하였다.

하지만 2016년부터 홍콩 문제를 중국 헌법이 확립한 국가정치제도와 사회의 전반적 안정, 영토완정, 국가안보 등 다각도로 접근하고 있음을 발견할 수 있다. 홍콩을 단순한 국가통일 문제가 아닌 중앙정부 권위와 법, 영토 분할, 국가안보와 직결된 이슈로 인식하고 있는 것이다.

시진핑 집권 1기
남중국해 문제의 연도별 핵심 이슈와 속성

후진타오 집권 2기에는 댜오위다오가 해양영토 관련 주요 국가핵심이익 문제였다면, 시진핑 집권 1기 때는 남중국해 문제가 이슈화된다. 당시 남중국해를 둘러싼 동남아 국가 특히 필리핀과의 영토분쟁이 불거졌고, 중국은 이를 국가핵심이익으로 규정하고 강경한 입장과 정책을 펼친다.

2011년 중국이 베트남 국영 석유회사의 석유탐사선 케이블을 절단한 사건, 2012년 황옌다오·스카보러 환초黄岩岛, Skarbolough Shoal를 사이에 두고 필리핀과 군사적으로 대치한 사건 등이 발생하면서 남중국해 지역 영토분쟁은 다시 한 번 격해진다. 이런 상황에서 2013년 1월 22일 필리핀이 남중국해 분쟁을 국제해양법재판소International Tribunal for the Law of the Sea: ITLOS에 제기하는 사건이 발생한다. 이에 대해 중국은 미국 헤리티지재단The Heritage Foundation의 청빈成斌 연구원의 발언을 인용하여 남중국해를 둘러싸고 주변국과 쟁의가 있다는 점을 인정할 뿐만 아니라 자국의 핵심이익과 관련이 있다는 점을 밝힌다. 특히 중국은 양보와 타협을 하지 않겠다는 원칙적 입장을 표명한다. 하지만 중국의 핵심이익 발언이 무력을 사용하겠다는 의미가 아님을 확인할 수 있다. 중국이 필리핀의 국제해양법재판소 회부를 비판한 것과 별

개로 우호적 협상과 평화적 해결을 위해 적극 노력하고 있다는 점을 어필하는 내용을 문맥적으로 파악할 수 있다. 가령, 2014년 4월 1일 자 인민일보에서 중국은 필리핀의 행위를 법률 절차 남용으로 규정하며 국가주권과 영토완정 수호의 결심과 의지가 결연함을 내비친다. 하지만 이와 동시에 중국은 영토와 해양권익 분쟁을 평화적으로 해결하기 위해 관련 국가와 함께 2002년 '남중국해 각방 행위 선언Declaration on the Conduct of Parties in the South China Sea: DOC'에 합의하였고, 적극적이면서도 타당하게 '남중국해 행동준칙Code of Conduct: COC' 제정을 추진하였음을 강조한다. 더 나아가 2011년에는 30억 위안元(약 5,300억 원)을 출자하여 '중국-아세안해상협력기금'을 설립하는 등 해양을 중국과 지역 국가 간 우호협력의 연결고리로 만들고자 노력하였음을 밝힌다.

물론 중국의 이런 접근법은 군사적 투쟁을 정치·경제·외교적 투쟁과 긴밀히 연계시킨 것으로 볼 수 있다. 이는 중국이 남중국해 문제를 해양강국海洋强国 건설을 위한 '해양권익海洋权益' 수호 차원에서 접근하고 있는 점에서도 간접적으로 확인할 수 있다.

2016년 4월 10~11일 이탈리아 루카Lucca에서 개최된 G7 외교부 장관회의에서 남중국해 중재판정에 관한 입장 표명이 있었다. 11일 G7 외교부 장관회의에서 공동성명을 발표한 것이다. 유엔해양법협약 체제에서 진행된 남중국해 중재판정은 평화로운 분쟁해결의 유용

시진핑 집권 1기 '남중국해' 문제의 국가핵심이익 분야와 세부 속성

문제	집권 시기		분야	세부 속성
남중국해	시진핑 1기	2013년	국가안보	• 국가안보
		2014년	국가주권 국가안보	• 국가안보
		2016년	국가주권 국가안보	• 영토완정 • 국가안보

＊ 세부 속성은 빈도수 높은 속성만 기입.
자료: 인민일보 분석 결과를 바탕으로 저자 작성.

한 기반이 될 것이며, 법적 구속력이 있는 남중국해 행동준칙의 조속한 완료에 기초하여 대화를 진행해야 하고, 비구속적인 남중국해 각방 행위 선언도 효율적으로 이행해야 한다는 내용이다. 이에 대응하여 중국은 국가영토주권 문제에 국가핵심이익 수호 의지가 결연함을 천명하는 동시에 미국과 일본의 관련 정책을 비판한다. 설상가상으로 2016년 7월 12일 국제상설중재재판소PCA, Permanent Court of Arbitration가 중국이 주장하는 '남해구단선南海九段线'이 법적 근거가 없다는 판결을 내리면서 갈등은 더욱 첨예해진다.

중국은 남중국해를 국가주권이자 국가안보 관련 국가핵심이익 문제로 인식하고 있다. 남중국해 문제는 기본적으로 해양영토와 관련된 국가주권 이슈이다. 하지만 중국과 아세안 국가 간에 심지어 미

국과 일본 등 관련 국가와의 외교적·군사적 대치 때문에 국가안보 이슈로도 인식되는 것이다. 이는 단순한 해양영토 문제를 넘어 지역 패권 경쟁과 안정에 직결된 문제이기 때문이다. 중국이 남중국해 문제를 해양강국 건설의 해양권익 제고 맥락에서 거론한 것도 이런 차원에서 이해할 수 있다. 중국이 남중국해와 관련하여 자국의 이익을 수호하는 것을 '정당권익'으로 규정한 것도 같은 맥락으로 볼 수 있다.

이런 이유로 중국은 남중국해를 '국가영토주권' 문제로 규정하는 동시에 '해상과 지역의 평화와 안정'과도 밀접하게 관련되어 있는 것으로 인지하고 있다.

4. 시진핑 집권 2기 1년차 다섯 가지 국가주권 핵심 문제 규정

시진핑 집권 2기 1년 차인 2018년 중국은 '타이완', '티베트', '마카오', '신장', '홍콩' 등 다섯 가지 문제를 국가주권 관련 국가핵심이익으로 규정한다. 이 다섯 가지 문제는 후진타오 집권 2기 때부터 매년 높은 빈도수로 거론되고 있다.

시진핑 집권 2기 이후 변화 추세를 지속해서 살펴봐야 하지만, 이 다섯 가지 문제는 중국 국가핵심이익 관련 장기 혹은 영구이익으로 판단할 수 있다. 국가주권 관련 국가핵심이익 문제 중에서도 핵심문제인 것이다.

다섯 가지 '국가주권' 관련 국가핵심이익 핵심 문제 현황

문제	분야	집권 시기	순위	빈도수
타이완	국가주권	후진타오 1기	1	46회
		후진타오 2기	1	
		시진핑 1기	1	
		시진핑 2기	1	
티베트	국가주권	후진타오 2기	2	23회
		시진핑 1기	2	
		시진핑 2기	2	
마카오	국가주권	후진타오 2기	3	14회
		시진핑 1기	6	
		시진핑 2기	2	
신장	국가주권	후진타오 2기	5	14회
		시진핑 1기	3	
		시진핑 2기	2	
홍콩	국가주권	후진타오 2기	6	11회
		시진핑 1기	4	
		시진핑 2기	5	

자료: 인민일보 분석 결과를 바탕으로 저자 작성.

2018년 타이완 문제 핵심 이슈와 속성

2018년 타이완 문제는 세 가지 측면에서 제기된다. 첫째, 시진핑 집

권 2기에도 티베트, 신장 문제 처리와 함께 중경회와 중종회의 역할이 재조명된다. 둘째, 중국은 리커창 총리의 발언을 빌려 다시 한 번 기본 입장과 원칙을 밝힌다. 중화인민공화국 성립 69주년 행사에서 리커창 총리는 홍콩, 마카오 문제와 함께 '일국양제'를 지속해서 전면 관철시키겠다고 밝힌다. 또한 타이완공작 국정방침, 하나의 중국 원칙, 92공식九二共识을 견지할 것이며, 어떤 타이완 독립의 분열 음모와 행위도 결코 용납하지 않겠다고 천명한다. 주목할 부분은 중국은 국제사회와 협상하여 글로벌 거버넌스 시스템과 인류운명공동체를 함께 건설하겠다는 의지가 있음을 내비쳤다는 점이다. 셋째, 중국평화통일촉진회中国和平统一促进会, 중평회의 반독립·통일촉진 활동을 긍정적으로 평가하면서 티베트와 동투르키스탄을 포함한 각종 분열 활동을 지속적으로 반대해 나갈 것을 강조한다. 이와 동시에 양안동포 간 민심융통의 중요성을 부각시킨다.

시진핑 집권 2기에도 중국은 타이완을 국가주권 관련 국가핵심이

시진핑 집권 2기 '타이완' 문제의 국가핵심이익 분야와 세부 속성

문제	집권 시기		분야	세부 속성
타이완	시진핑 2기	2018년	국가주권	• 국가발전이익

＊세부 속성은 빈도수 높은 속성만 기입.
자료: 인민일보 분석 결과를 바탕으로 저자 작성.

익 문제로 인식하고 있다. 타이완 문제를 보편적 국가주권의 문제로 볼 뿐 아니라, 세부적으로 '영토완정'이자 '조국평화통일', '양안동포 민심융통'을 위한 국가통일 문제로 규정하고 있다. 한 가지 주목할 부분은 이전과 달리 타이완 문제를 국가발전이익의 맥락에서 규정한다는 점이다. 홍콩, 마카오 문제와 함께 '공동번영발전'과 '중화민족의 위대한 부흥' 측면이 거론되었다.

이밖에 정협의 대외 교류 맥락에서 국가핵심이익 수호 역할이 거론되면서, '중국공산당 영도의 다당합작', '정치협상제도', '사회주의 협상민주' 등도 강조되고 있다.

2018년 티베트 문제 핵심 이슈와 속성

타이완 문제에서 살펴본 바와 같이, 이 시기 티베트 문제는 크게 두 가지 맥락에서 거론된다. 첫째, 시진핑 집권 1기 때와 마찬가지로 타이완, 신장 문제와 함께 중경회와 중종회의 역할이 다시 한 번 높게 평가된다. 이런 차원에서 중경회와 중종회는 앞으로도 지속해서 중국의 입장을 대외에 알리고 국가핵심이익을 수호해 나간다는 입장이다. 둘째, 중평회는 반독립·통일 촉진 활동 차원에서 타이완, 동투르

시진핑
집권 2기
'티베트' 문제의
국가핵심이익
분야와
세부 속성

문제	집권 시기		분야	세부 속성
티베트	시진핑 2기	2018년	국가주권	• 국가통일 • 국가발전이익

* 세부 속성은 빈도수 높은 속성만 기입.
자료: 인민일보 분석 결과를 바탕으로 저자 작성.

키스탄 문제와 함께 티베트의 각종 분열 행동을 반대해 나간다는 입장이다.

시진핑 집권 2기 중국은 티베트를 여전히 국가주권 관련 국가핵심이익으로 인식하고 있다. 이전 시기와 다른 점은 '조국평화통일'로 표현하여 국가통일 측면에서 접근한다는 사실이다. 또한 티베트 문제를 '중화민족의 위대한 부흥'과도 직결된 것으로 보고 있다.

다른 한편, 타이완 문제와 같이 '중국공산당 영도의 다당합작', '정치협상제도', '사회주의 협상민주' 등과의 상관성도 파악할 수 있다. 이런 중국의 정치제도는 티베트 문제 그 자체를 포함하여 중국 헌법이 확립한 국가정치제도와 사회의 전반적 안정과도 관련되어 있다.

2018년 마카오 문제 핵심 이슈와 속성

시진핑 집권 2기 중국은 중화인민공화국 성립 69주년 행사에서 리커창 총리의 발언을 빌려, 마카오 문제를 대응할 때 홍콩 문제와 함께 '일국양제' 원칙을 지속적이면서 전면적으로 철저히 관철시키고, 오인치오澳人治澳 마카오인이 마카오를 다스린다는 뜻 등 고도의 자치 방침을 견지할 것임을 밝힌다. 특히 웨강아오다완취粤港澳大湾区 광둥·홍콩·마카오 광역 도시권 건설을 계기로 대륙과 홍콩, 마카오와의 교류협력을 심화하여 공동 번영 발전을 촉진할 계획임을 천명한다. 이런 맥락에서 중국은 국가핵심이익 수호를 견지하면서 국제사회와 함께 글로벌 거버넌스 시스템을 개선하고 인류운명공동체 건설을 추동할 것임을 재차 강조한다.

다른 한편, 타이완, 티베트 그리고 동투르키스탄 문제와 함께 중평회의 반독립·통일촉진 활동을 조명하면서 홍콩, 마카오, 타이완 동

시진핑 집권 2기 '마카오' 문제의 국가핵심이익 분야와 세부 속성

문제	집권 시기		분야	세부 속성
마카오	시진핑 2기	2018년	국가주권	• 국가발전이익

* 세부 속성은 빈도수 높은 속성만 기입.
자료: 인민일보 분석 결과를 바탕으로 저자 작성.

포와 해외 화교들이 반독립·통일촉진 운동에 협조하였다는 점을 높이 평가한다.

시진핑 집권 2기 중국은 마카오를 국가주권 관련 국가핵심이익으로 규정하고 있다. 마카오 문제를 국가주권, 그중에서도 국가영토와 국가통일 이슈로 인식하는 것으로 분석되었다. 하지만 세부 속성을 살펴보면, 웨강아오다완취 건설에서 알 수 있듯이 국가발전이익 측면이 부각되고 있음을 확인할 수 있다. 이는 시진핑 집권 1기 마카오 문제를 국가통일과 국가안보 측면에서 접근했던 것과 비교되는 부분이다.

2018년 신장 문제 핵심 이슈와 속성

시진핑 집권 2기에 신장은 1기 때와 같은 맥락에서 국가핵심이익 관련 문제로 거론된다. 앞서 살펴본 바와 같이 타이완, 티베트 문제와 함께 중경회와 중종회 등 정협 전문위원회의 역할이 조명된다. 이와 함께 30년 동안 중평회의 반독립·통일촉진 활동을 긍정 평가하면서 타이완, 티베트, 마카오 문제와 함께 동투르키스탄 독립 운동 등 분열 행위를 거론한다. 시진핑 집권 시기에 들어 분열 문제와 관련하여 동

시진핑 집권 2기 '신장' 문제의 국가핵심이익 분야와 세부 속성

문제	집권 시기		분야	세부 속성
신장	시진핑 2기	2018년	국가주권	• 정치제도와 사회 안정 • 국가통일

* 세부 속성은 빈도수 높은 속성만 기입.

자료: 인민일보 분석 결과를 바탕으로 저자 작성.

투르키스탄을 직접적으로 거론하는 것이 '일반화'되었다는 점을 확인할 수 있다.

시진핑 집권 2기에도 중국은 신장을 국가주권 관련 국가핵심이익으로 규정하고 있다. 2018년에도 이전과 마찬가지로 전반적인 신장 이슈와 동투르키스탄 이슈를 다른 시각에서 접근하고 있다. 신장 이슈는 중국 헌법이 확립한 국가정치제도와 사회의 전반적 안정과 연관되었다는 점이 부각되고, 동투르키스탄 이슈는 국가통일 측면에서 강조되고 있다. 2016년부터 보이는 인식이 큰 변동 없이 유지되고 있다.

2018년 홍콩 문제 핵심 이슈와 속성

2018년 홍콩 문제는 마카오, 타이완 문제와 함께 '일국양제'와 '항인치항' 등 고도의 자치 방침을 계속 관철시켜 나가겠다는 맥락에서 거론된다. 이는 중화인민공화국 성립 69주년 행사에서 리커창 총리의 발언에서 확인된다. 그는 다른 한편으로 웨강아오다완취 건설을 계기로 대륙과의 교류협력을 활발히 진행하겠다는 공동번영발전 계획도 내비친다.

한편 중국은 화평발전노선 맥락에서 국가핵심이익 수호를 견지하지만, 국제사회와 협상하여 글로벌 거버넌스 시스템을 개선하고 함께 인류운명공동체를 건설해 나가겠다는 의지도 표명한다. 앞서 살펴본 타이완과 마카오 문제와 비교해 보면, 이 시기 중국은 타이완,

시진핑 집권 2기 '홍콩' 문제의 국가핵심이익 분야와 세부 속성

문제	집권 시기		분야	세부 속성
홍콩	시진핑 2기	2018년	국가주권	• 국가주권 • 영토완정 • 국가발전이익

* 세부 속성은 빈도수 높은 속성만 기입.

자료: 인민일보 분석 결과를 바탕으로 저자 작성.

마카오, 홍콩 문제를 비슷한 맥락에서 접근하고 있음을 확인할 수 있다.

시진핑 집권 2기 중국은 홍콩 문제를 국가주권 관련 국가핵심이익으로 규정한다. 시진핑 1기 때와 다른 부분은 국가발전이익 측면이 강조되고 있다는 점이다. 문맥적으로 타이완 이슈와 연결되어 국가주권과 영토완정 부분도 거론되지만, 홍콩과 관련해서는 마카오 이슈와 함께 '공동번영발전'이라는 국가발전이익 측면이 부각되고 있다.

4

집권 시기별 국가안보 관련 문제와 핵심 이슈

2. '국가안보' 분야 주요 문제

후진타오 2기 2008년~2012년	군축과 감축, 광동군구 항공병, 국방과학기술, 제2포병, 군사투명도, 3개 악 세력, 핵실험, 해양권익
시진핑 1기 2013년~2017년	해양권익, 국가안보법(종합국가안보관), 국방과 군대건설, (강국)강군, 변경권익(변경관리통제), 무장 역량, 한반도 긴장국면, 미중 충돌과 대결 , 안보 문제, 테러리즘, 지역 안정, 사드배치, 전쟁과 평화, 군 현대화, 군사, 국가기타중대안보이익, 군사지도 혁신, 연해방위, 해양안보

2000년 1월 1일부터 2018년 12월 31일까지의 인민일보 전문을 분석한 결과, 총 69개 국가핵심이익 문제 중 27개가 국가안보와 관련된 것으로 분석되었다. 이는 전체 문제 중 39.1퍼센트로 가장 높은 비중이다. 단 한 가지 명확히 짚고 넘어갈 부분은 이슈별 핵심 사안을 명확히 구분하기 위해 '(강국)강군', '국방과 군대건설', '군 현대화', '군사' 등 군사·국방과 관련된 문제를 개별 이슈로 처리하였다는 점이다. 이런 연유로 집권 시기별 평균 비중은 33.7퍼센트로, 42.2퍼센트를 차지하는 국가주권 관련 내용보다 낮다. 중복을 포함한 빈도수도 22.1퍼센트로, 61.7퍼센트인 국가주권 관련 내용보다 현저히 낮게 측정된다.

27개 국가안보 관련 문제 중 빈도수 기준 3회 이상 거론된 것은 총 4개로 11.1퍼센트에 불과하다. 이중 '해양권익'과 '국가안보법(혹은 '종합국가안보관')'을 제외하고 '국방과 군대건설', '(강국)강군' 등 포괄적 이슈이다. 집권 시기를 기준으로 살펴보아도 2개 이상 집권 시기에서 거론된 문제는 '해양권익' 1개뿐이다. 관련 문제 개수는 국가주권보다 많지만 표면적인 지속성과 중요도는 떨어진다고 할 수 있다. 국가안보 이슈의 특성이 반영된 결과라고 추측할 수 있는 부분이다.

1.

후진타오 집권 2기

핵실험과 핵무기 감축 관련성 발견

후진타오 집권 1기 '신新 국가군사학설' 핵심 내용 중 하나로 국가핵심이익 수호가 거론되지만, 국가안보 관련 문제는 집권 2기 때부터 본격적으로 거론되기 시작한다. 후진타오 집권 2기 국가안보 관련 문제는 총 8개로 3개 악 세력과 해양권익, 두 가지 문제를 제외하고 모두 군사 분야와 관련되어 있다.

후진타오 집권 2기 '국가안보' 관련 국가핵심이익 주요 문제

집권 시기	분야	문제	연도
후진타오 2기 (2008~2012년)	국가안보	군축과 감축	2010년
		광동군구 항공병	2011년
		국방과학기술	2011년
		제2포병	2011년
		군사투명도	2011년
		3개 악 세력	2012년
		핵실험	2012년
		해양권익	2012년

자료: 인민일보 분석 결과를 바탕으로 저자 작성.

후진타오 집권 2기 군축과 감축 문제 핵심 이슈와 속성

2010년 1월 인민일보는 국방대 탕융성唐永胜 교수 등이 2010년 세계 군사 현상을 전망하는 기사에서 군축과 감축, 특히 핵무기 문제가 국가핵심이익과 관련 있음을 내비친다. 관련 기사에서 탕융성 등은 군축과 감축은 대국관계, 더 나아가 국제 전략 구도에 막대한 영향을 끼치며, 그중에서도 미국과 러시아의 핵무기 감축을 핵심으로 보았다. 그는 현재 핵보유국 대부분이 핵무기 감소와 연구를 동시에 진행하

후진타오 집권 2기 '군축과 감축' 문제의 국가핵심이익 분야와 세부 속성

문제	집권 시기		분야	세부 속성
군축과 감축	후진타오 2기	2010년	국가안보	• 국가안보

＊ 세부 속성은 빈도수 높은 속성만 기입.
자료: 인민일보 분석 결과를 바탕으로 저자 작성.

고 있다고 하였다. 그 때문에 군축과 감축 추세는 지속되겠지만, 상관 국가의 핵심이익에 영향을 끼치기 때문에 쉽지만은 않을 것이라고 전망한다.

중국은 군축과 감축, 특히 핵무기 감축을 전략 문제, 곧 세계의 안보·안정과 관련한 이슈로 규정하고 있다.

후진타오 집권 2기 광동군구 항공병 문제 핵심 이슈와 속성

중국이 광동군구 항공병을 국가핵심이익 관련 부대로 규정하고 있음을 알 수 있다. 중국은 영공안보를 국가의 핵심이익으로 인식하기에 광동군구 모 항공병 사단의 역사와 임무를 소개하는 2011년 1월 인

후진타오 집권 2기 '광동군구 항공병' 문제의 국가핵심이익 분야와 세부 속성

문제	집권 시기		분야	세부 속성
광동군구 항공병	후진타오 2기	2011년	국가안보	• 국가안보

* 세부 속성은 빈도수 높은 속성만 기입.
자료: 인민일보 분석 결과를 바탕으로 저자 작성.

민일보 기사에서 이 부대의 역할을 강조하였다. 이 사단은 1950년 조직되어 한국전쟁에서 큰 공을 세운 부대로, 지금은 영공안보 수호를 핵심 임무로 삼고 있다고 한다.

후진타오 집권 2기 국방과학기술 문제 핵심 이슈와 속성

중국은 2011년 3월 인민일보에 중국인민해방군 총장비부中国人民解放军总装备部 명의의 핵물리학자인 주광야朱光亚를 추모하는 기사에서 국방과학기술 개발과 국가핵심이익의 상관성을 논하였다. 둘의 상관관계는 주광야의 전략적 사고 능력을 높게 평가하고 국가핵심이익 관련 일과 과학기술 발전 동향, 그리고 과학기술 인재 양성 등 중대 문

후진타오 집권 2기 '국방과학기술' 문제의 국가핵심이익 분야와 세부 속성

문제	집권 시기		분야	세부 속성
국방과학기술	후진타오 2기	2011년	국가안보	• 국가안보

* 세부 속성은 빈도수 높은 속성만 기입.
자료: 인민일보 분석 결과를 바탕으로 저자 작성.

제를 과학적으로 파악하고 판단하였다는 맥락에서 거론되었다. 그가 1999년 '양탄일성공훈메달兩弾一星功勋奖章'을 받았을 정도로 중국의 핵무기 연구와 제조에 큰 공로가 있었던 것을 고려하였을 때, 여러 국방과학기술 중에서도 앞서 군축과 감축 문제에서 거론한 것처럼 핵무기 개발이 국가핵심이익과 가장 밀접한 관련이 있다고 판단할 수 있다.

후진타오 집권 2기 제2포병 문제 핵심 이슈와 속성

중국은 전략미사일부대인 제2포병 건설을 국가핵심이익 관련 사안으로 규정하고 있다. 2011년 6월 제2포병 사령관 징즈위안靖志远과 정치위원 장하이양张海阳이 인민일보에 게재한 글에서 제2포병 건설 45년 동안 '국가안보발전이익' 수호를 최우선 준칙으로 삼았음을 밝힌다. 구체적으로 국가안보와 발전 수호를 국가의 핵심이익이자 국가의 전도와 명운이라고 하면서, 제2포병은 자국 군사 실력의 중요한 상징이며, 국가안보발전이익 측면에서 전략성战略性, 전국성全局性, 대체불가성不可替代性의 특징을 가진다고 하였다.

후진타오 집권 2기 '제2포병' 문제의 국가핵심이익 분야와 세부 속성

문제	집권 시기		분야	세부 속성
제2포병	후진타오 2기	2011년	국가안보	• 국가안보

* 세부 속성은 빈도수 높은 속성만 기입.
자료: 인민일보 분석 결과를 바탕으로 저자 작성.

후진타오 집권 2기 군사투명도 문제 핵심 이슈와 속성

중국은 화평발전노선 중 군사투명도 문제와 관련하여, 이는 각국의 국가이익과 안보의 필요성에 따라 결정할 국가안보와 직결된 사안임을 주장한다. 중국은 이미 『2010년 중국의 국방』 백서에서 전략 의도, 국방정책의 방어적 특징 등을 포함한 기본방침과 중점 안보 사안을 밝히고, 군사력 증대에 관한 외부 질의에 회답하였다고 주장하고 있다. 그런 맥락에서 군사투명도 문제는 미국과 같은 군사대국도 '선택적 투명选择性透明'성을 보인다는 점을 거론하면서 그 어떤 국가도 국가핵심이익과 군사안보 정보에 관해 절대적으로 투명할 수 없음을 강조한다.

후진타오 집권 2기 '군사투명도' 문제의 국가핵심이익 분야와 세부 속성

문제	집권 시기		분야	세부 속성
군사투명도	후진타오 2기	2011년	국가안보	• 국가안보

* 세부 속성은 빈도수 높은 속성만 기입.
자료: 인민일보 분석 결과를 바탕으로 저자 작성.

후진타오 집권 2기 3개 악의 세력 문제 핵심 이슈와 속성

2012년 9월 후이량위回良玉 국무원 부총리와 우즈베키스탄 이슬람 카리모프Islam A. Karimov 대통령의 회담에서 중국은 우즈베키스탄과 정치, 안보 그리고 상하이협력기구上海合作组织에서 협조를 지속해서 유지하고 강화해 나갈 것임을 밝힌다. 이 자리에서 카리모프 대통령은 중국의 국가핵심이익 수호와 '3개 악 세력(국제 테러 세력, 민족 분열 세력, 극단적 종교집단 세력)' 퇴치 노력을 지지한다고 발언하였다. 앞서 살펴본 바와 같이, 중국은 신장 등의 문제와 관련해서 테러리즘과 분열주의 같은 이슈를 국가주권 측면에서도 다루고 있다. 하지만 타국과의 협력 차원에서 테러리즘, 분열주의, 극단적 종교집단주의 문제 그 자체는 국가안보 이슈로 접근하고 있음을 알 수 있다.

후진타오 집권 2기 '3개 악 세력' 문제의 국가핵심이익 분야와 세부 속성

문제	집권 시기		분야	세부 속성
3개 악 세력	후진타오 2기	2012년	국가안보	• 국가안보

* 세부 속성은 빈도수 높은 속성만 기입.
자료: 인민일보 분석 결과를 바탕으로 저자 작성.

후진타오 집권 2기 핵실험 문제 핵심 이슈와 속성

2012년 중국공정원中国工程院 원사인 린쥔더林俊德를 추모하는 기사를 보면, 중국이 핵실험을 국가핵심이익 관련 사안으로 규정하고 있음을 알 수 있다. 2012년 9월 24일 관련 기사에서 린쥔더는 인민해방군 입대 후 52년 동안 중국의 모든 핵실험에 참여하였고, 국방과학기술 사업에 탁월한 공헌을 하였다고 한다. 눈여겨볼 부분은 그의 컴퓨터에 국가핵심이익 관련 기술 문건이 몇 만 건이나 있다는 점이다. 이를 통해 핵실험이 국가핵심이익과 관련되어 있음을 판단할 수 있다.

앞서 '군축과 감축', '국방과학기술' 분석과 연계하여 살펴보면, 중국은 '핵' 관련 문제 대부분을 국가안보 관련 국가핵심이익 문제로 인식하고 있음을 알 수 있다.

후진타오 집권 2기 '핵실험' 문제의 국가핵심이익 분야와 세부 속성

문제	집권 시기		분야	세부 속성
핵실험	후진타오 2기	2012년	국가안보	• 국가안보

* 세부 속성은 빈도수 높은 속성만 기입.
자료: 인민일보 분석 결과를 바탕으로 저자 작성.

후진타오 집권 2기 해양권익 문제 핵심 이슈와 속성

중국은 2012년 상하이국제문제연구원 양제미엔杨洁勉 원장의 18대 보고서에 관한 인민일보 기고에서 화평발전노선과 국가핵심이익 간 변증관계를 설명하면서 해양권익과의 상관성을 논하였다. 양제미엔 원장의 분석에 따르면, 18대 보고서에서 중국은 화평발전노선 방침하에 국가주권, 안보, 발전이익 수호를 견지한다고 밝히고, 어떤 외부 압력에도 굴복하지 않겠다는 점을 강조한다. 이런 차원에서 주변국가 관계와 지역 안정을 함께 유지하는 동시에 해양자원 개발능력을 키우고, 해양경제를 발전시키며, 해양생태환경을 보호하는 등 국가 해양권익 수호를 견지하여 해양강국을 건설하겠다는 점을 명확히 하고 있다.

이상의 내용에서 알 수 있듯이 해양권익은 국가안보뿐 아니라 국가발전이익과도 밀접한 연관이 있는 문제이다. 하지만 전체적인 맥락을 고려하였을 때 다른 국가와의 갈등과 마찰이 거론되고, 주변국가와의 관계와 지역 안정 수호를 큰 틀에서 강조한다는 점에서 국가안보 분야 이슈로 판단할 수 있다.

후진타오 집권 2기 '해양권익' 문제의 국가핵심이익 분야와 세부 속성

문제	집권 시기		분야	세부 속성
해양권익	후진타오 2기	2012년	국가안보	• 국가안보 • 국가발전이익

* 세부 속성은 빈도수 높은 속성만 기입.

자료: 인민일보 분석 결과를 바탕으로 저자 작성.

2. 시진핑 집권 1기 해양권익과 국가안보법이 핵심 이슈로 등장

시진핑 집권 1기 국가안보 관련 문제는 총 19개로 분석되었다. 3회 이상 거론된 문제는 '해양권익'(14회), '국가안보법'(혹은 종합국가안보관, 6회), '국방과 군대건설'(4회), '(강국)강군'(3회) 등 4개이다. 지속성 측면에서는 '해양권익', '국가안보법(혹은 종합국가안보관)', '국방과 군대건설', '(강국)강군', '변경권익(혹은 변경관리통제)' 등 5개가 2년 이상 거론된다. 이 중 '해양권익('해상권익', '해양이익' 포함)'은 후진타오 집권 2기에 이어 2015년을 제외하고 매년 거론되고 있다.

시진핑 집권 1기 국가안보 관련 주요 국가핵심이익 문제를 '해양권익', '국가안보법', '국방·군사', '한반도' 관련 이슈를 중심으로 살펴보면 다음과 같다.

시진핑 집권 1기 '국가안보' 관련 국가핵심이익 주요 문제

집권 시기	분야	문제	연도
시진핑 1기 (2013~2017년)	국가안보	해양권익	2013년, 2014년 2016년, 2017년
		국가안보법 종합국가안보관	2015년, 2016년, 2017년
		국방과 군대건설	2014년, 2015년, 2017년
		(강국)강군	2014년, 2015년
		변경권익 변경관리통제	2016년, 2017년
		무장 역량	2013년
		한반도 긴장국면	2014년
		미중 충돌과 대결	2014년
		안보 문제	2014년
		테러리즘	2015년
		지역 안정	2016년
		사드배치	2016년
		전쟁과 평화	2016년
		군 현대화	2016년
		군사	2016년
		국가기타 중대안보이익	2016년
		군사지도 혁신	2017년
		연해방위	2017년
		해양안보	2017년

자료: 인민일보 분석 결과를 바탕으로 저자 작성.

시진핑 집권 1기 해양권익 관련 문제의 연도별 핵심 이슈와 속성

시진핑 집권 1기 해양권익은 가장 많이 거론된 국가안보 관련 국가핵심이익 문제이다. 이는 한편으론 후진타오 집권 2기 댜오위다오 등의 문제 발생에 이어 2013년 전후부터 남중국해 문제가 이슈화되면서 해양 관련 이슈가 부각되기 시작하고, 다른 한편으로는 경제사회 발전에서 해양의 중요성이 갈수록 높아졌기 때문으로 볼 수 있다.

연도별 구체적인 이슈를 살펴보면, 2013년 해양권익 문제는 댜오위다오 이슈와 해양강국 건설 차원에서 제기된다. 중일 양국 관계는 2012년 일본의 센카쿠 열도 국유화 선언으로 급속히 냉각된다. 이 문제는 현재진행형으로 중국은 푸단대 선딩리沈丁立 교수의 평론을 통해 중국 경제발전 전략에 관한 일부 국가의 오판을 지적한다. 그는 국가주권 문제인 댜오위다오 국유화 선언을 대표적인 사례로 지적하며, 중국이 경제발전에 유리한 외부환경을 조성하기 위해 자국의 핵심이익을 타협, 교역, 혹은 양보할 것이라고 판단하는 국가가 있다는 점을 지적한다. 선 교수는 이를 중국 해양권익을 침해하는 일이며, 중국의 수호 의지에 대한 엄중한 도전이자 판단 착오라고 주장하였다.

해양강국 건설과 관련해서는 제8차 집체학습에서 시진핑의 발언을 인용하여, 중국은 해양 안정과 권익 수호를 병행할 것이라는 점을 천명한다. 이와 함께 비록 중국이 평화를 애호하고 화평발전노선을 견지해 나가겠지만, 정당권익을 절대 포기하지 않을 뿐 아니라 국가 핵심이익도 희생시키지 않을 것임을 명확히 밝힌다. 더욱 구체적으로 분쟁은 협상을 통해 평화적으로 해결하고 평화안정을 수호하겠지만, 복잡한 국면에 대비하여 철저한 준비와 함께 해양권익 수호 능력을 향상시킬 것임을 제시한다. 특히 이를 위해 종합국력을 키워야 함을 강조한다.

2014년에는 국가주권 부분에서 살펴본 댜오위다오와 남중국해 이슈 등의 맥락에서 해양권익 문제가 다루어진다. 주목할 부분은 해양권익 수호에 대한 중국의 입장을 표명한 점이다. 류젠차오刘建超 부장조리部长助理는 5월 14일자 인민일보에 '평화, 안정 그리고 협력의 아시아 건설建设和平, 稳定与合作的亚洲'이라는 글에서 지역안보환경을 논하면서 영토와 해양권익 분쟁에 관한 중국의 입장을 재차 강조한다. 그는 중국은 우호적인 협상을 통해 평화적 해결 방법을 견지하겠지만, 국가주권, 국가안보, 발전이익 수호 입장에는 변함이 없으며 국가핵심이익 희생을 대가로 하는 거래는 없을 것임을 명확히 한다. 6월 7일에는 국가해양국 리우츠구이刘赐贵 당서기의 글을 통해 시진핑이 제시한 '4개의 전환四个转变' – ❶ 질적·수익성 해양경제형으로 전환 ❷ 순환 이용형 해양개발방식으로 전환 ❸ 혁신주도형 해양과학기술형으로 전

시진핑 집권 1기 '해양권익' 관련 문제의 국가핵심이익 분야와 세부 속성

문제	집권 시기		분야	세부 속성
해양권익(해상권익, 해양이익)	시진핑 1기	2013년	국가안보	• 국가안보
		2014년	국가안보 국가주권	• 국가안보
		2016년	국가주권	• 국가주권
		2017년	국가주권	• 국가주권 • 영토완정 • 국가안보

* 세부 속성은 빈도수 높은 속성만 기입.
자료: 인민일보 분석 결과를 바탕으로 저자 작성.

환 ❹ 통합형 해양권익 수호형으로 전환 - 을 거론하며, 국가해양권익 수호 안정과 권익 수호 두 가지를 동시에 추진해야 함을 다시 한 번 강조한다. 또한 영토주권과 해양권익 분쟁 처리 과정에서 레드라인과 마지노선을 과감히 밝혀야 한다는 점도 주장한다.

2016년에도 해양권익과 관련한 중국 입장이 지속해서 거론된다. 한 가지 눈여겨볼 점은 '국방과 군대건설' 측면에서 해양권익 수호 문제를 다룬 부분이다. 2016년 7월 16일자 인민일보는 중앙군사위정치공작부中央军委政治工作部 명의의 글을 통해 해상권익 수호海上维权 투쟁 과정에서 '이유가 있고, 근거가 있으며, 절제가 있는' 투쟁을 해야 하고, 군사적 투쟁을 정치·경제·외교적 투쟁과 긴밀히 연계해야 함을 강조

한다. 마오쩌둥의 항일통일전선 3대 원칙이자 신중국 위기관리 특징을 명시하였다는 점에서 시사하는 바가 적지 않다.

2017년 중국은 해양권익 수호를 위해 더욱 과감하고 명확한 입장을 밝힌다. 국가해양국 왕펑王宏 당서기는 '해양강국 건설은 중국 꿈 실현 추진海洋强国建设助推实现中国梦'이라는 글에서 해양권익과 해양안보는 국가핵심이익으로 해양강국 건설을 위해 반드시 지켜야 할 마지노선임을 명시한다. 그는 시진핑 국가주석의 말을 빌려, 국가주권과 국가안보를 제일 중시해야 하고, 종합국가안보관을 관철시켜야 하며, 변경관리통제와 해상권익 수호 행동을 철저히 조직하여, 영토주권과 해양권익을 반드시 수호해야 함을 재차 강조한다.

해양권익도 국가핵심이익 수호 차원에서 국가주권, 국가안보, 그리고 국가발전이익이 동시에 강조되고 있다. 특히 해양권익이 해양경제개발과 해양영토를 둘러싼 분쟁 이슈까지 포함하면서 특정 분야 이슈로 단정 짓기 어려운 점이 있다. 하지만 후진타오 집권 2기 때와 마찬가지로 전체적인 맥락을 고려하였을 때, 중국은 이 문제를 여전히 국가안보 시각에서 접근하고 있다고 판단할 수 있다.

연도별로 강조되는 세부적인 속성을 살펴보면, 2013년과 2014년은 '평화안정', '해상의 평화안정', '지역평화안정', '주변 평화와 안정' 등 국가안보가 상대적으로 강조된다. 이에 반해, 2016년과 2017년은 국가주권 문제로 묘사된다. 일반적인 국가주권 외에 '국가독립',

'민족존엄', '영토주권' 등의 표현으로 해양권익 이슈가 규정되고 있음을 확인할 수 있다. 하지만 다음 두 가지 내용적인 측면을 고려하면, 오히려 역으로 해양권익 수호를 국가안보 관련 국가핵심이익 문제로 접근하고 있음을 알 수 있다. 첫째, 2016년과 2017년 중국이 '국방과 군대건설'의 시각으로 해양권익 이슈를 전문적으로 다루었다는 점이다. 둘째, 해양권익 수호 맥락에서 2017년 '연해방위'와 '해양안보'를 국가핵심이익 관련 문제로 분석하였다는 점을 들 수 있다.

시진핑 집권 1기 국가안보법 문제의 연도별 핵심 이슈와 속성

국가안보법은 시진핑 집권 1기 국가안보 관련 국가핵심이익 중 해양권익 다음으로 많이 거론된 문제이다. 이는 2015년 7월 1일 통과된 신국가안보법의 영향이라고 할 수 있다. 중국은 제12회 전국인민대표대회상무위원회 제15차 회의에서 정치안보, 국토안보, 군사안보, 문화안보, 과학기술안보 포함 11개 영역, 7장 84조로 구성된 국가안보법을 통과시킨다. 이 법은 '종합국가안보관'을 지향한다. 인민안보를 종지宗旨로, 정치안보를 근본根本으로, 경제안보를 기초基础로, 군사·문화·사회안보를 보장保障으로 각 영역의 국가안보를 수호하고 국가안보 시스템을 구축하는 것을 목표로 한다.

국가안보법은 법률로 그 자체가 국가핵심이익이 아니다. 하지만 국가핵심이익 관련 내용이 포함되어 있고, 국가안보법과 국가핵심이익 간 상관관계가 설명되어 있다. 그런 차원에서 국가안보법이 국가핵심이익과 어떻게 연결되고 연관되어 있는지 구체적으로 살펴볼 필요가 있다.

2015년 7월 2일자 인민일보는 중국정법대 마화이더马怀德 부총장 인터뷰에서 새로 개정된 국가안보법을 국가핵심이익과 기타 중대이익을 수호하는 국가안보 각 영역의 업무를 총괄하는 기본 법률이자 광의의 국가안보법으로 평가한다. 국가안보법에 국가핵심이익 개념이 직접 거론되는 것은 아니지만, 국가핵심이익 수호를 최우선으로

시진핑 집권 1기 '국가안보법' 문제의 국가핵심이익 분야와 세부 속성

문제	집권 시기		분야	세부 속성
국가안보법	시진핑 1기	2015년	국가안보	• 국가안보
		2016년	국가주권	• 국가주권
		2017년	국가안보 국가주권	• 국가안보

＊ 세부 속성은 빈도수 높은 속성만 기입.
자료: 인민일보 분석 결과를 바탕으로 저자 작성.

두고 있음을 알 수 있다. 2015년 7월 13일자에서는 중국사회과학원 법학연구소 리중李忠 교수의 기고문을 통해 국가안보법은 인민의 근본이익을 보호하는 것이 입법 목적이며, 인민복지人民福祉를 국가핵심이익으로 확정하였다고 밝힌다.

2016년에는 국가안보법의 조정调整 범위와 국가핵심이익 수호와의 관계를 더욱 명확히 한다. 구체적으로 살펴보면 종합국가안보관을 관철시켜야 하고, 국가이익 지상주의 원칙을 반드시 견지해야 하며, 우환의식을 수립하고, 마지노선 사유를 명확히 해야 한다는 주장이다. 즉 평화발전노선을 견지하는 동시에 절대 정당권익을 포기하지 않고, 국가핵심이익을 희생하지 않겠다는 것이다. 중국사회과학원 미국연구소 니펑倪峰은 2016년 4월 19일자 인민일보에 종합국가안보관에 따른 대외안보 공작을 논하였고, 중앙군사위원회정치공작부는 2016년 7월 16일자 기사에서 군사 문제와 관련하여 종합국가안보관을 견지해야 함을 강조한다.

이어 2017년 8월에는 국가안보법을 포함한 국가안보 영역의 기본제도 틀이 이미 형성되어 국가핵심이익과 기타 중대이익 수호의 견실한 법적 보장을 제공할 수 있게 되었다고 평가한다. 이와 함께 해양권익과 안보 문제를 구체적으로 거론하면서 종합국가안보관을 관철시키고, 변경관리통제와 해상권익 수호 행동을 조밀하게 추진하며, 영토주권과 해양권익을 결연히 수호해야 함을 강조한다.

국가안보법은 기본적으로 국가안보와 직결되어 있다. 하지만 앞서 살펴본 바와 같이, 2015년에 개정된 국가안보법은 종합국가안보관을 지향하는 것으로 국가주권, 안보, 발전이익 모두와 관련 있다. 실제로 국가안보법 제2조는 국가안보를 "국가정권, 주권, 통일과 영토완정, 인민복지, 지속가능한 경제사회 발전 그리고 국가의 기타중대이익……"으로 정의하고 있다.[66] 하지만 국가핵심이익 맥락에서 거론된 국가안보법(혹은 종합국가안보관)을 살펴보면, 2016년을 제외하고 국가안보적 시각이 부각됨을 확인할 수 있다.

구체적으로 살펴보면, 중국정법대 마화이더 부총장은 2015년에 개정된 국가안보법을 정치안보, 주권안보, 군사안보, 경제안보, 문화안보, 사회안보 등의 영역을 포함하는 외부안보와 내부안보, 전통안보와 비전통안보, 국토안보와 국민안보, 자국안보와 공동안보를 포괄하는 종합적, 전국성, 기초적 법률이라고 평한다.

중국은 국가안보법과 이와 관련된 이슈를 '정당권익', '중대이익'으로 인식하고 있다. 국가안보법에 따른 국가핵심이익 수호는 중국의 정당권익이며, 이와 관련된 이슈 역시 중대이익이라는 것이다. 심지어 '중대핵심이익'이라는 표현까지 쓰고 있다.

시진핑 집권 1기 국방·군사 관련 문제의 연도별 핵심 이슈와 속성

군사 분야는 국가안보와 직결되어 있다. 후진타오 2기 때도 '군축과 감축' 등 군사 관련 국가핵심이익 이슈가 거론되었지만, 시진핑 집권 시기에 들어 '국방과 군대건설', '(강국)강군', '무장 역량', '군 현대화', '군사', '군사지도 혁신' 등 더욱 기본적이고 원론적인 문제가 국가핵심이익 맥락에서 거론되고 있다. 또한 시진핑 집권 시기 국가 목표인 중국몽中国梦으로 대표되는 '중화민족의 위대한 부흥' 맥락에서도 거론되고 있다. 시진핑 집권 1기 군사 관련 국가핵심이익 문제의 핵심 이슈를 살펴보면 다음과 같다.

우선 2013년 중화인민공화국국무원신문판공실中华人民共和国国务院新闻办公室은 '중국무장역량의 다양화 운용中国武装力量的多样化运用'이라는 문건에서 '무장 역량'의 근본 임무를 국가핵심이익 수호로 발표한다. 변경방어, 해양방어, 공중방어 안보를 보위해야 하고, 모든 국가주권, 안보, 영토완정을 위해하는 도전 행위에 언제나 대응하고 이를 제지해야 함을 임무로 규정하였다.

2014년에는 '강군' 건설의 목표를 논하며, 어떤 때에도 국가의 정당권익 수호를 포기하지 않고, 국가핵심이익을 희생시키지 않을 것

시진핑 집권 1기 '국방·군사' 관련 문제의 국가핵심이익 분야와 세부 속성

문제	집권 시기		분야	세부 속성
국방과 군대건설	시진핑 1기	2014년	국가주권	• 정치체제와 사회 안정
		2015년	-	-
		2017년	국가발전이익	• 국가발전이익
(강국)강군	시진핑 1기	2014년	-	-
		2015년	국가안보	• 국가안보

* 세부 속성은 빈도수 높은 속성만 기입.
자료: 인민일보 분석 결과를 바탕으로 저자 작성.

임을 밝힌다. 시진핑 국가주석은 제12회 전국인대 2차 회의 해방군 대표단 전체회의에서 반드시 국방과 '군 현대화'를 추진해야 하며, 강군 건설은 혁명 군인의 역사적 책임이라는 점을 강조한다. '국방 및 군대건설'과 관련하여 국방대학 런톈유任天佑 주임은 주권안보, 영토완정, 기본제도와 핵심가치관이 국가핵심이익인 동시에 전략적 마지노선이라고 주장한다. 그는 전략적 마지노선을 방어할 수 있어야 발전을 논할 수 있으며, 국방과 군대는 국가핵심이익과 전략적 마지노선 수호의 최종 역량임을 강조하였다.

2015년에는 중국인민항일전쟁과 세계 반파시즘 전쟁 승리 70주년 기념 열병식을 계기로 강군 건설과 국가핵심이익 수호 의지와의 관계가 재조명된다. 국방대 리성취안李升泉 주임은 인민일보 평론에서

중국이 주장하는 화평발전은 국가의 정당권익을 포기하는 것이 아니며, 국가의 핵심이익과 교역을 통한 것도 아니라고 해석한다. 이런 맥락에서 강군은 화평발전을 지탱하고, 특정한 역사적 조건에서 정의로운 전쟁으로 화평발전을 보장할 수 있다고 주장한다. 비슷한 맥락에서 군사과학원 쉬야오위안许耀元 정치위원도 군사이론 혁신과 관련하여 마지노선 사유능력 증강을 주문한다. 그는 국가핵심이익 수호를 군사 문제 연구의 가장 중요한 원칙이자 전략적 마지노선으로 삼아야 한다고 주장하였다.

2016년에도 국가핵심이익 수호에 있어 현대화된 군대의 필요성이 재차 강조된다. 이와 함께 앞서 국가안보법과 해상권익에서 살펴본 것처럼, 국가안보 수호에 군사적 수단의 필요성과 정치와 군사 전략 측면에서의 상관성이 논의된다.

2017년 국방 및 군사건설과 관련하여 한 가지 눈여겨볼 부분은 '군사지도 혁신创新军事指导'이 거론된 점이다. 갈수록 강해지는 안보 도전에 대응하기 위하여 군사지도 혁신이 필요하며, 이는 국가핵심이익을 침범받지 않기 위함이라는 것이다.

국방 및 군사 관련 문제는 기본적으로 국가안보와 직결되어 있다. 하지만 국가주권, 발전이익과도 무관하다고 할 수 없다. 시진핑 국가주석이 국가주권과 안보를 최우선으로 종합국가안보관을 관철시켜야 한다고 말했듯, 중국은 국방과 군사 문제를 단순한 국가안보 이슈로만 인식하지 않는다. 실제로 맥락을 분석해 보면, 국방 및 군대건설과 관련하여 영토완정, 기본제도, 핵심가치관 등 국가주권 관련 요소가 거론되는 것을 발견할 수 있다. 다른 한편 국가주권에 비해 그 비중은 떨어지지만 국가발전이익도 거론된다. 국가핵심이익의 세 가지 구성 요소 간 유기적 관계 특징이 반영된 것이라 할 수 있다.

한반도 관련 문제의 연도별 핵심 이슈와 속성

높은 빈도수는 아니지만, 2014년과 2016년 한반도 관련 이슈가 국가핵심이익 수호 측면에서 거론된다. 어떤 맥락에서 거론되었는지 살펴보면 다음과 같다.

우선 2014년 미국의 아태지역 전략 차원에서 한반도 문제가 거론된다. 중국사회과학원 아태와 글로벌전략연구원 리원李文 부원장은 최근 몇 년 아태지역에서 발생한 국가영토주권 분쟁과 한반도 정세 악화의 원인을 미국의 '아시아 회귀pivot to Asia'로부터 시작된 아태재평형전략亚太再平衡战略이라고 분석한다. 미국의 아태지역 병력 증강과 중국에 관한 부정적 언행이 지역 내 안보환경과 정세를 더욱 복잡하게 만들었다는 것이다. 한반도 관련 문제가 구체적으로 거론되지는 않

시진핑 집권 1기 '한반도' 관련 문제의 국가핵심이익 분야와 세부 속성

문제	집권 시기		분야	세부 속성
한반도 긴장국면	시진핑 1기	2014년	국가안보	• 국가안보
사드배치	시진핑 1기	2016년	국가안보	• 국가안보

* 세부 속성은 빈도수 높은 속성만 기입.
자료: 인민일보 분석 결과를 바탕으로 저자 작성.

았지만, 2014년은 북한이 제3차 핵실험까지 감행한 상태였기 때문에 북핵 문제와 관련 있을 가능성이 높다고 추측할 수 있다.

이에 반해 2016년에는 사드배치 문제가 구체적으로 거론된다. 2014년 사드 한국 배치론이 불거진 이래 중국의 지속적인 반대에도 불구하고, 2016년 7월 8일 한미 양국이 사드배치 결정을 공식 발표하자 중국이 국가핵심이익 관련 문제라는 주장을 펼친 것이다. 중국은 8월 5일 인민일보 평론에서 사드배치 문제가 국가핵심이익 중에서도 안보 문제와 관련 있다고 주장한다. 특히 '푸른 실파를 흰 두부에 버무리다, 아주 깨끗하여 오점이 없다小葱拌豆腐, 一清二白'라는 중국 헐후어歇后语를 인용하여 사드배치, 특히 레이더 범위와 관련된 한미 양국의 주장을 비판하였다.

5

집권 시기별 국가발전이익 관련 문제와 핵심 이슈

3. '국가발전이익' 분야 주요 문제

시기	주요 문제
후진타오 2기 2008년 - 2012년	경제건설, 국가이미지, 지속가능발전, 토지, 재생에너지
시진핑 1기 2013년 - 2017년	개방발전전략, 인류공동이익, 빅데이터, 과학기술, 중대형 국유기업 핵심 상업기밀, 중국발전이익관, 인터넷 유언비어, 인터넷 안보와 질서, 정보강역, 핵심기술, 인민복지, 글로벌 거버넌스 시스템 변혁, 신과학기술혁명, 국제난제
시진핑 2기 2018년 - 2021년	미중 무역전쟁

2000년 1월 1일부터 2018년 12월 31일까지 인민일보 전문을 분석한 결과, 총 69개 국가핵심이익 관련 문제 중 20개가 국가발전이익과 관련한 것으로 나타났다. 이는 전체 문제 중 29퍼센트로, 가장 낮은 비중을 차지한다. 하지만 집권 시기별로 살펴보면, 그 비중은 갈수록 높아짐을 알 수 있다. 시진핑 집권 1기 국가발전이익 관련 문제는 총 14개(27,5퍼센트)로 후진타오 2기 때 5개였던 데 비해 9개가 늘어난다. 빈도수도 시진핑 집권 1기 20회로 총 15.2퍼센트를 차지하여 후진타오 집권 2기 5회(8,8퍼센트)보다 15회 증가하였다. 심지어 시진핑 집권 2기 1년차인 2018년에는 전체 빈도수의 44.8퍼센트를 차지한다.

1. 후진타오 집권 2기
지속가능발전 문제 주목

후진타오 집권 2기 국가발전이익 관련 국가핵심이익 문제는 총 5개이다. 5개 문제 중 '토지', '지속가능발전', '국가이미지'는 2011년에 거론되었고, '경제건설'과 '재생에너지'는 각각 2008년과 2012년에 관련 문제로 제기된다. 5개 문제 모두 한 번씩만 거론되었기 때문에 시진핑 집권 시기에 재차 제기되는지 여부와 다른 관련 이슈와의 상관성을 추가로 검토해 봐야 한다. 이에 앞서 이 장에서는 각 이슈가 어떤 맥락에서 거론되었는지를 우선 살펴본다.

후진타오 집권 2기 '국가발전이익' 관련 국가핵심이익 주요 문제

집권 시기	분야	문제	연도
후진타오 2기 (2008년-2012년)	국가발전이익	경제건설	2008년
		국가이미지	2011년
		지속가능발전	2011년
		토지	2011년
		재생에너지	2012년

자료: 인민일보 분석 결과를 바탕으로 저자 작성.

후진타오 집권 2기 경제건설 문제의 핵심 이슈와 속성

경제건설은 베이징올림픽 보이콧을 논하는 기사에서 거론된다. 2008년 3월 14일 티베트 유혈 사건으로 인해 전 세계적으로 베이징올림픽 개막식 보이콧이 일어나자, 중국 내부에 민족주의 정서가 팽배해 진다. 이에 따라 중국은 이성적 애국주의를 주문하며 무엇이 국가핵심이익인지 정확히 알아야 함을 강조한다. 중국이 강대해질수록 반중 세력의 공격이 거세질 것이고, 이럴 때일수록 조국에 대한 열정을 경제건설에 집중해야 한다는 주장이다.

후진타오 집권 2기 '경제건설' 문제의 국가핵심이익 분야와 세부 속성

문제	집권 시기		분야	세부 속성
경제건설	후진타오 2기	2008년	국가발전이익	• 국가발전이익

* 세부 속성은 빈도수 높은 속성만 기입.
자료: 인민일보 분석 결과를 바탕으로 저자 작성.

후진타오 집권 2기 국가이미지 문제의 핵심 이슈와 속성

2011년 3월 국가이미지國家形象의 역할이 국가핵심이익 수호 측면에서 갈수록 중요해지고 있다는 주장이 제기된다. 중국공산당해남성위원회 선전부 장쭤룽张作荣 부부장의 주장에 따르면, 국가이미지는 국가문화소프트파워의 중요한 부분이자 상징으로 종합국력 경쟁에서 갈수록 중요해진다는 것이다. 많은 국가가 국가이미지를 만들어 양호한 발전환경을 조성하고 국제경쟁에서 주도권을 획득하고 있다고 한다. 그는 특히 이런 과정에서 전파가 중요함을 특별히 거론하였다.

후진타오 집권 2기 '국가이미지' 문제의 국가핵심이익 분야와 세부 속성

문제	집권 시기		분야	세부 속성
국가이미지	후진타오 2기	2011년	국가발전이익	• 국가발전이익

* 세부 속성은 빈도수 높은 속성만 기입.
자료: 인민일보 분석 결과를 바탕으로 저자 작성.

후진타오 집권 2기 지속가능발전 문제의 핵심 이슈와 속성

2011년 9월 22일 인민일보 마훙웨이马宏伟 이론부理论部 주임은 『중국의 화평발전』 백서에서 '경제사회의 지속가능한 발전을 위한 기본 보장'을 국가핵심이익 중 하나로 지정한 것을 지적하며, 이는 국가현대화건설에서 지속가능한 발전의 중요성이 더욱 높아졌음을 반증하는 것이라고 평가한다. 일반적으로 국가핵심이익을 국가주권, 안보 관련 이슈로 인식하는 전통적 시각에서 벗어나야 함을 지적하였다고 할 수 있다. 이런 차원에서 그는 지속가능한 발전을 위해서는 ❶ 자원과 환경발전의 지속가능성이 기초가 되어야 하고, ❷ 경제와 사회발전의 지속가능성이 핵심이 되어야 하며, ❸ 문화와 이론 혁신 보급이 선도되어야 한다는 점을 구체적으로 제시하였다.

후진타오 집권 2기 '지속가능발전' 문제의 국가핵심이익 분야와 세부 속성

문제	집권 시기		분야	세부 속성
지속가능발전	후진타오 2기	2011년	국가발전이익	• 국가발전이익

* 세부 속성은 빈도수 높은 속성만 기입.
자료: 인민일보 분석 결과를 바탕으로 저자 작성.

후진타오 집권 2기 토지 문제의 핵심 이슈와 속성

중국은 2011년 12월 30일자 인민일보를 통해 각종 경제, 사회 그리고 정치 문제가 토지 문제와 연결되어 집중적으로 나타날 가능성을 제기하며 그 대응으로 국가토지감찰기관国家土地督察机构의 역할을 제시한다. 국가토지감찰기관이 지방정부의 토지관리 업적과 토지이용 효율의 두 방면에 집중하여, 정부의 관리와 정책 실패로 발생한 토지 낭비와 자산손실 등의 문제를 해결해야 한다는 것이다. 주목할 부분은 중국 정부가 국가토지감찰기관의 지위와 사명을 국가핵심이익뿐 아니라 중화민족의 장기이익으로 표현한 점이다. 그런 차원에서 국가토지감찰기관은 반드시 인민의 이익과 전체 국면의 이익全局利益을 최우선으로 하여야 하는 점을 강조하였다.

후진타오
집권 2기
'토지'
문제의
국가핵심이익
분야와
세부 속성

문제	집권 시기		분야	세부 속성
토지	후진타오 2기	2011년	국가발전이익	• 국가발전이익

* 세부 속성은 빈도수 높은 속성만 기입.
자료: 인민일보 분석 결과를 바탕으로 저자 작성.

후진타오 집권 2기 재생에너지 문제의 핵심 이슈와 속성

후진타오 집권 2기에 중국은 글로벌 에너지 분배 구조를 국가핵심이익과 밀접히 연관된 문제로 인식하는 것으로 나타났다. 글로벌 경제 재편 시기를 맞아, 주요 경제 강국이 신생에너지 개발에 관심을 많이 가지면서 경쟁이 과열될 수 있다는 것이다. 구체적으로 재생에너지 특징이 신흥 산업을 결정할 가능성이 높은 현 상황에서 이 영역의 시장과 산업구조가 아직 형성 중이기 때문에 주요 경제 강국 간 경쟁이 심화될 수 있다는 논리이다. 특히 많은 국가의 핵심이익과 글로벌 화석 에너지 분배 구조의 밀접한 관계로 이미 복잡한 국제 지정학적 정치관계가 형성되었고, 이를 해결하기 위해서라도 신재생에너지 분야의 경쟁은 치열해질 수밖에 없다는 것이다.

후진타오 집권 2기 '재생에너지' 문제의 국가핵심이익 분야와 세부 속성

문제	집권 시기		분야	세부 속성
재생에너지	후진타오 2기	2012년	국가발전이익	• 국가발전이익

* 세부 속성은 빈도수 높은 속성만 기입.
자료: 인민일보 분석 결과를 바탕으로 저자 작성.

재생에너지 문제는 기본적으로 국가발전이익 분야 문제이다. 중국은 앞으로 재생에너지에 따라, 국가 간 경쟁에서 승패를 좌우할 신흥 산업이 결정될 가능성이 높다고 판단하고 있다. 하지만 지정학적 차원에서 직접적으로는 국가안보와, 간접적으로는 국가주권과 어느 정도 연관된다는 점도 인식하고 있다.

2. 시진핑 집권 1기
4차 산업혁명 과학기술과 인터넷 문제 이슈화

시진핑 집권 1기 국가발전이익 관련 국가핵심이익 문제는 총 14개로, 후진타오 집권 2기에 비해 9개 증가한다. 이 중 3회 이상 거론된 문제는 '개방발전전략'(3회), '인류공동이익'(3회), '빅데이터'(3회) 등 3개이다. 문제 간 유사성을 살펴보면, '빅데이터', '핵심기술', '신과학기술혁명' 등 4차 산업혁명과 직결된 과학기술 문제가 증가하였음을 알 수 있다. 또한 '인터넷 유언비어', '인터넷 안보와 질서', '정보강역' 등 인터넷과 정보 관련 문제도 중시되고 있음을 확인할 수 있다. 높은 빈도수를 기준으로 주요 문제들이 어떤 맥락에서 거론되었는지 살펴보면 다음과 같다.

시진핑 집권 1기 '국가발전이익' 관련 국가핵심이익 주요 문제

집권 시기	분야	문제	연도
시진핑 1기 (2013~2017년)	국가발전이익	개방발전전략	2016년
		인류공동이익	2016년
		빅데이터	2014년
		과학기술	2015년, 2017년
		중대형 국유기업 핵심 상업기밀	2013년
		중국발전이익관	2013년
		인터넷 유언비어	2013년
		인터넷 안보와 질서	2014년
		정보강역	2014년
		핵심기술	2015년
		인민복지	2015년
		글로벌 거버넌스 시스템 변혁	2016년
		신과학기술혁명(산업변혁)	2017년
		국제난제	2017년

자료: 인민일보 분석 결과를 바탕으로 저자 작성.

시진핑 집권 1기 개방발전전략 문제의 핵심 이슈와 속성

2016년 11월 개방발전전략 추진과 국가핵심이익 수호 간 변증관계가 조명된다. 둘 사이의 변증관계에서 중국은 개방발전전략을 적극

시진핑 집권 1기 '개방발전전략' 문제의 국가핵심이익 분야와 세부 속성

문제	집권 시기		분야	세부 속성
개방발전전략	시진핑 1기	2016년	국가발전이익	• 국가발전이익 • 국가주권 • 국가안보

* 세부 속성은 빈도수 높은 속성만 기입.

자료: 인민일보 분석 결과를 바탕으로 저자 작성.

적으로 추진하고 세계 각국과 교류협력을 대대적으로 강화시켜 나가겠지만, 이런 전략이 자국의 정당권익 포기와 국가핵심이익 희생을 의미하지 않는다는 것이다. 즉 국가주권, 국가안보, 국가발전이익을 해치지 않는 범위에서 개방발전전략을 추진하겠다는 뜻이다.

이와 동시에 중국은 다른 국가의 이익 희생을 대가로 자국을 발전시키겠다는 의도가 없음을 표명한다. 이런 차원에서 중국은 앞으로도 화평발전의 실천자和平发展的实践者, 공동발전의 추진자共同发展的推动者, 다자무역체제의 수호자多边贸易体制的维护者, 글로벌 경제 거버넌스의 참여자全球经济治理的参与者 역할을 견지할 것임을 천명한다.

거시적인 관점에서 개방발전전략은 종합적인 전략이다. 국가주권, 국가안보, 국가발전이익 모두를 관철시킨다고 할 수 있다. 하지만 공동발전, 다자무역체제, 글로벌 경제 거버넌스 등의 키워드에서 알 수 있듯이, 주권과 안보보다 발전이익에 더욱 밀접한 문제라고 판단

할 수 있다.

시진핑 집권 1기 인류공동이익 문제의 핵심 이슈와 속성

2016년 2월 마지노선 사유 맥락에서 인류공동이익과 국가핵심이익 간 변증관계가 조명된다. 철학적 관점에서 인류공동이익과 국가핵심이익은 공성과 개성共性与个性, 보편성과 특수성의 관계로 볼 수 있다고 한다. 그리고 이런 변증관계 파악의 핵심이 마지노선 사유라는 것이다. 마지노선 사고에 따라 공성과 개성, 보편성과 특수성의 관계를 파악할 수 있다는 설명이다.

시진핑 국가주석이 천명한 인류운명공동체 창의도 이런 맥락에서 이해되어야 한다는 주장이다. 즉 인류운명공동체는 협력과 공영 추진이 핵심이지만, 타국과의 협력에도 마지노선이 있다는 것이다. 협력 과정에서 민족국가의 개성이 존중받지 못하면 인류공동이익도 보장되기 힘들다는 입장이다. 중국이 국가핵심이익 관련 문제에서 레드라인를 설정하고 마지노선을 강조하는 것도 이런 이유 때문이라는 것이다.

인류공동이익 문제도 국가주권, 국가안보, 국가발전이익 모두와

시진핑 집권 1기 '인류공동이익' 문제의 국가핵심이익 분야와 세부 속성

문제	집권 시기		분야	세부 속성
인류공동이익	시진핑 1기	2016년	국가발전이익	• 국가발전이익 • 국가주권 • 국가안보

* 세부 속성은 빈도수 높은 속성만 기입.
자료: 인민일보 분석 결과를 바탕으로 저자 작성.

연관되어 있다. 민족국가의 개성 존중 표현에서 알 수 있듯이 국가주권 요소가 강하다. 하지만 기본적으로 공동이익을 중심으로 타국과 협력하고 공영을 추진한다는 목표를 가졌기에 국가발전이익 분야 문제로 판단할 수 있다.

시진핑 집권 1기 빅데이터 문제의 핵심 이슈와 속성

2014년 5월 위정성이 주재하는 중앙통전부中央统战部의 당 외 인사党外人士 주제 좌담회에서 빅데이터 등 현대기술 응용을 국가전략 수준으로 향상시켜야 한다는 주장이 제기된다. 이 주장은 5월 21일자 인민일보에서 다시 한 번 거론된다. 좌담회에 참석한 구삼학사九三学社 중앙

시진핑 집권 1기 '빅데이터' 문제의 국가핵심이익 분야와 세부 속성

문제	집권 시기		분야	세부 속성
빅데이터	시진핑 1기	2011년	국가발전이익	• 국가발전이익

* 세부 속성은 빈도수 높은 속성만 기입.
자료: 인민일보 분석 결과를 바탕으로 저자 작성.

부주석 라이밍賴明은 빅데이터 등의 국가 전략화와 함께 데이터주권数据主权을 국가핵심이익에 포함시켜야 하며, 특별항목의 발전규획을 제정해야 한다고 주장한다. 빅데이터 등을 '주권'으로 규정해야 한다는 것이다. 하지만 문맥적으로 빅데이터는 국가발전이익 분야 문제로 판단할 수 있다.

시진핑 집권 1기 과학기술 관련 문제의 핵심 이슈와 속성

2015년을 전후로 '과학기술' 관련 문제가 국가핵심이익 차원에서 거론되기 시작한다. 2015년 7월 중국과학원의 커정옌柯正言은 세계과학기술강국 건설을 위한 세 가지 미래 과학기술 혁신 중점 방향을 제시한다. 그중 국가의 중대 수요를 고려하여 유인 우주비행, 위성항법,

데이터 안보, 선진 핵에너지, 심해자원개발 등의 분야에서 과학기술의 난관을 극복하고 협동·혁신하여, 핵심기술 분야의 중대한 돌파구를 마련해야 한다고 주장한다. 그의 주장에 따르면, 이는 국가핵심이익, 국방안보, 그리고 장기발전과 관련된 분야로 핵심 부분을 전략적으로 공략해야 한다는 것이다. 그는 10월에도 비슷한 주장의 글을 인민일보에 게재한다.

2017년에는 리커창 총리에 의해 '신과학기술혁명新科技革命'과 '산업변혁产业变革'이 거론된다. 리커창 총리는 인공지능AI, 양자과학, 유전자 변이와 신재료, 신에너지 등 관건 영역에서 원천기술 획득에 집중할 것을 주문한다. 이와 함께 수요공급 변화에 대비하여 국가핵심이익, 국가안보, 민중복지 등 영역에서 '중국제조 2025中国制造2025', '인터넷 플러스互联网+' 등의 결합과 중대과학기술 공정에 의탁하는 방법 등을 제시한다.

시진핑 집권 1기 '과학기술' 관련 문제의 국가핵심이익 분야와 세부 속성

문제	집권 시기		분야	세부 속성
과학기술	시진핑 1기	2015년	국가발전이익	• 국가발전이익
		2017년	국가발전이익	• 국가발전이익
신과학기술혁명 (산업변혁)	시진핑 1기	2017년	국가발전이익	• 국가발전이익

* 세부 속성은 빈도수 높은 속성만 기입.
자료: 인민일보 분석 결과를 바탕으로 저자 작성.

시진핑 집권 1기 인터넷 관련 문제의 핵심 이슈와 속성

2013년을 기점으로 '사이버와 정보안보'의 중요성이 강조되기 시작한다. 2013년 6월 중국사회과학원 멍웨이孟威는 '인터넷 유언비어'의 폐해와 위해성을 언급하며, 세계 각국의 주요 정책을 소개한다. 특히 미국의 사례를 설명하면서 인터넷 유언비어가 국가핵심이익을 위해한다는 점을 강조한다.

이로부터 6개월 뒤인 2014년 1월 궈성쿤郭声琨 공안부부장은 시진핑 국가주석의 국가안보와 사회 안정에 관한 주요 발언을 인용하며 '인터넷 안보와 질서'를 거론한다. 인터넷 안보와 질서가 정치안보 및 정권안보와 직결되어 있고, 이는 결과적으로 당의 집권지위와 국가핵심이익에까지 영향을 끼친다는 것이다. 이런 차원에서 그는 공안기관의 국가안보와 사회 안정 유지 역할을 거론하며 법에 근거한 인터넷 관리 방침을 견지할 것임을 밝힌다. 특히 인터넷 유언비어나 비방 혹은 사기 등 범죄행위는 엄격히 다루겠다는 입장을 취한다.

심지어 4월 하남성 당교 쉐루이한薛瑞汉 교수는 인터넷 공간을 국가주권의 새로운 강역으로 보고 인터넷 공간에 대한 국가안보전략 수립의 필요성까지 제기한다. 빅데이터 등을 데이터주권으로 인식해야 한다는 주장과 일맥상통한다. 그의 주장에 따르면, 인터넷과 정보

시진핑 집권 1기 '인터넷' 관련 문제의 국가핵심이익 분야와 세부 속성

문제	집권 시기		분야	세부 속성
인터넷 유언비어	시진핑 1기	2013년	국가발전이익	• 국가발전이익 • 국가주권
인터넷 안보와 질서	시진핑 1기	2014년	국가발전이익	• 국가발전이익 • 정치제도와 사회 안정
정보강역	시진핑 1기	2014년	국가발전이익	• 국가발전이익 • 정치제도와 사회 안정

＊ 세부 속성은 빈도수 높은 속성만 기입.
자료: 인민일보 분석 결과를 바탕으로 저자 작성.

안보를 국가안보 수준으로 향상시켜야 한다는 것이다. '정보강역'을 전통적 국토강역과 동일하게 규정하고 국가핵심이익으로 보호할 필요가 있다는 의견이다.

인터넷 관련 국가핵심이익 문제는 특성상 국가발전이익 분야로 분류된다. 하지만 인터넷 유언비어에서 안보와 질서 이슈가 국가주권, 특히 중국 헌법이 확립한 국가정치제도와 사회의 전반적 안정에 직간접적으로 영향을 끼치고 있음을 알 수 있다. 사이버와 정보를 대표하는 인터넷 자체는 경제·사회의 지속가능한 발전 분야 문제이지만, 인터넷 발달로 발생하는 이슈는 정치제도와 사회 안정 문제와 직결되기 때문이다.

시진핑 집권 1기 중대형 국유기업 핵심 상업기밀 문제의 핵심 이슈와 속성

2013년 '중대형 국유기업 핵심 상업기밀'이 국가핵심이익 관련 문제로 거론된다. 2013년 4월 국가기밀국国家保密局 두융성杜永胜은 국가안보와 발전이익 수호를 보안 관리 업무가 직면한 새로운 과제라고 밝히면서, 그중에서도 상업기밀과 국가핵심이익 간의 긴밀성을 제기한다. 그는 현재 177개 국가와 지역에 1만 8천 개 경외境外기업이 진출해 있지만 상업기밀 보호를 위한 제도적 규범, 정책적 지원, 부서 지도 등이 매우 미흡하다고 지적한다. 상업기밀 특히 국민경제발전을 지탱하는 중대형 국유기업의 핵심 상업기밀은 국가핵심이익과 직접적으로 관련될 뿐 아니라, 특정 조건에서는 국가기밀로까지 전환될 수 있음에도 불구하고 관련 조치가 미흡한 사실을 매우 심각하게 받

시진핑 집권 1기 '중대형 국유기업 핵심 상업기밀' 문제의 국가핵심이익 분야와 세부 속성

문제	집권 시기		분야	세부 속성
중대형 국유기업 핵심 상업기밀	시진핑 1기	2013년	국가발전이익	• 국가발전이익 • 국가안보

* 세부 속성은 빈도수 높은 속성만 기입.
자료: 인민일보 분석 결과를 바탕으로 저자 작성.

아들여야 한다는 것이다. 기업의 상업기밀은 비단 기업이익과 경쟁력 보호 차원에서뿐 아니라 국가안보와 발전이익 문제와 직결된다는 것을 인식하고 철저히 보호해야 한다는 주장이다.

3. 시진핑 집권 2기 1년차 미중 무역전쟁 점화

시진핑 집권 2기 1년차인 2018년 국가핵심이익 관련 국가발전이익 문제는 '미중 무역전쟁'만이 분석되었다. 미중 무역전쟁 문제는 이 시기 국가핵심이익 관련 전체 문제 중 16.7퍼센트를 차지하고, 44.8퍼센트(13회)의 빈도수 비중을 차지할 정도로 매우 중요하게 다루어졌다. 미중 무역전쟁이 어떤 맥락에서 국가핵심이익과 관련되어 있는지 살펴보면 다음과 같다.

시진핑 집권 2기 1년차 '국가발전이익' 관련 국가핵심이익 주요 문제

집권 시기	분야	문제	연도
시진핑 2기 (2018~2021년)	국가발전이익	미중 무역전쟁	2018년

자료: 인민일보 분석 결과를 바탕으로 저자 작성.

시진핑 집권 2기 미중 무역전쟁 문제의 핵심 이슈와 속성

중국은 2018년 7월 6일부터 본격적으로 시작된 미중 간 무역전쟁을 자국의 국가핵심이익을 침해하는 문제로 규정한다. 양국의 무역전쟁은 고율 관세 부과 조치를 중심으로 펼쳐진 분쟁으로 2017년 8월과 2018년 3월 도널드 트럼프Donald J. Trump 미국 대통령의 행정명령으로 시작된다. 트럼프 대통령은 2017년 8월 14일 중국의 지식재산권 침해와 기술 강제이전 요구 등 부당한 관행을 조사하라는 행정명령에 서명한다. 그리고 2018년 3월 23일에 연간 500억 달러 규모의 중국 수입품에 25퍼센트의 고율 관세 부과를 허용하는 행정명령에 서명한다. 이를 기반으로 4월 3일 미국무역대표부USTR는 1,333개 고율 관세 대상 품목을 발표하고, 이에 맞서 중국은 4월 4일에 미국 수입품 106개 품목을 제시하며 긴장관계를 고조시킨다.

대상 품목 발표로 전쟁의 서막을 열었던 양국은 2018년 7월 6일 미국이 340억 달러에 달하는 중국 상품 818개 품목에 25퍼센트 관세를 부과하고, 중국도 같은 액수의 545개 품목에 25퍼센트 관세를 부과하면서 무역전쟁을 개시한다.[67] 그 후 양국은 지속적으로 협상을 이어가고 있지만 해결의 실마리를 찾지 못하고 있다. 이 과정에서 2018년 8월 23일 미국과 중국 모두 160억 달러 규모의 279개와

114개 품목에 서로 추가관세를 부과한다. 이에 더하여 2018년 9월 24일에는 미국이 2,000억 달러 규모 5,745개 품목에 10퍼센트 관세를 부과하고, 중국도 600억 달러 규모의 품목별로 5~10퍼센트 관세를 부과하는 조치를 단행한다.

애초에 미중 무역전쟁이 발생하였을 때 중국이 항복할 것이라는 주장이 많이 제기되었다. 하지만 예상과 달리 중국이 강경한 입장을 견지하면서 '치고 받기tit for tat' 게임이 지속되고 있다. 그 이유 중 하나는 중국이 미중 무역전쟁을 자국의 국가핵심이익을 침해하는 것으로 규정하고 있기 때문이다. 구체적으로 살펴보면, 2018년 7월 7일, 즉 미국이 처음으로 25퍼센트 관세를 부과한 다음 날 중국은 인민일보 기사를 통해 미국의 조치를 무역보호주의이자 '미국무역패릉주의美国贸易霸凌主义, 집단 따돌림'로 규정한다. 또한 미국의 조치는 국가핵심이익뿐 아니라 인민의 이익까지 해치는 행위로 절대 양보할 수 없다는 입장을 밝힌다. 심지어 냉전 시기 대중국 봉쇄정책까지 거론하면서 과거에 비해 더욱 강해진 중국이 어떻게 무원칙적으로 양보할 수 있느냐는 논리를 펼친다. 이에 더하여, 각국 여론을 소개하면서 미국이 글로벌 산업벨트와 가치사슬 안보를 위해할 뿐 아니라 글로벌 무역질서를 어지럽히는 등 세계무역기구WTO의 규칙을 위반하고 있다고 비판한다. 국가핵심이익과 인민의 이익을 수호하기 위해서 중국은 부득이 세계무역기구에 제소할 수밖에 없음을 밝히며 자유무역과 다자체제를 세계 다른 국가와 함께 지켜 나갈 것임을 강조한다.

2018년 7월 10일 미국이 2000억 달러 규모의 수입품에 10퍼센트 관세를 부과하겠다고 발표하자 중국은 다시금 강력히 반발한다. 7월 12일 인민일보 기사를 통해 중국이 국가핵심이익 관련 사안을 양보할 것이라는 판단은 미국의 전략적 오판으로, 중국은 절대 위협과 협박에 후퇴하지 않을 것이며, 필요하다면 반격할 의지가 있다고 밝힌다. 2018년 7월 13일 기사에서는 무역전쟁이 양날의 검으로 미국 역시 피해를 입을 것이며, 실제로 EU와 캐나다 등 국가가 미국 상품에 관세를 부가하였다는 점을 강조한다. 2018년 7월 26일 중국 상무부는 대변인 발언을 통해 중국의 일관된 입장을 다시 한 번 강조한다. 중국 상무부 가오펑高峰 대변인은 중국이 무역전쟁을 원하지 않지만 무서워하지도 않는다며 국가핵심이익과 중국인민의 이익을 끝까지 지킬 것임을 천명한다.

2018년 7월 26일 세계무역기구 일반이사회 제3차 회의에서 미국이 중국의 경제모델을 비판하자 중국은 이를 미국의 일방주의 행동에 관한 자국 변호로 규정하며 반발한다. 중국은 미국이 주장하는 공평무역이 미국 우선주의를 전제로 하는 점을 지적하며, 다자무역체제를 무너트리는 정책이라고 비난한다. 또한 미국이 국제적으로 중국을 공격하더라도 절대 타협하거나 굴복하지 않겠다는 입장을 밝힌다.

시진핑 집권 2기 '미중 무역전쟁' 문제의 국가핵심이익 분야와 세부 속성

문제	집권 시기		분야	세부 속성
미중 무역전쟁	시진핑 2기	2018년	국가발전이익	• 국가발전이익

* 세부 속성은 빈도수 높은 속성만 기입.
자료: 인민일보 분석 결과를 바탕으로 저자 작성.

미중 간 날선 공방 속에서 2018년 8월 2일 미국이 관세를 10퍼센트에서 25퍼센트로 올리겠다고 발표하자, 중국도 이에 맞서 600억 달러 규모의 미국 농산품 등 품목에 5~25퍼센트 차등 관세를 부과할 것을 밝힌다.

이렇게 5개월간 지속되었던 미중 간 무역전쟁은 2018년 12월 1일 아르헨티나에서 개최된 G20 정상회의를 계기로 잠시 휴전 국면에 들어간다. 중국은 2018년 12월 3일자 인민일보 보도에서 지난 세 번의 협상으로 양국 간 입장을 더욱 이해하였다고 평가한다. 하지만 지속적으로 국가핵심이익과 인민의 근본이익을 수호하는 마지노선에 기초할 뿐 아니라, 필요할 경우 재보복 조치를 취한다는 입장을 함께 표명한다.

패권경쟁으로 묘사될 정도로 미중 무역전쟁이 내포하는 성질은 다차원적이다. 그중에서도 미중 무역전쟁을 미래기술전쟁으로 표현

할 만큼 앞으로 양국 관계와 국제관계 전반에 끼칠 영향은 매우 클 것이다. 하지만 전략적 의도를 떠나 중국이 미중 무역전쟁 그 자체를 국가발전이익 관련 국가핵심이익 문제로 한정하고 있음을 알 수 있다.

다른 한편, 중국은 미국의 행위를 국가핵심이익뿐 아니라 인민 혹은 인민군중의 이익人民群众利益을 해치는 것으로 규정한다. 심지어 인민(군중)의 근본이익을 침해하는 행위로까지 묘사하고 있다. 즉 경제와 무역 문제인 만큼 국가 관계뿐 아니라 국민의 삶과 직결된 사안으로 바라보고 있다.

⑥

결론

: 기회이자 위협으로 다가올 중국의 부상

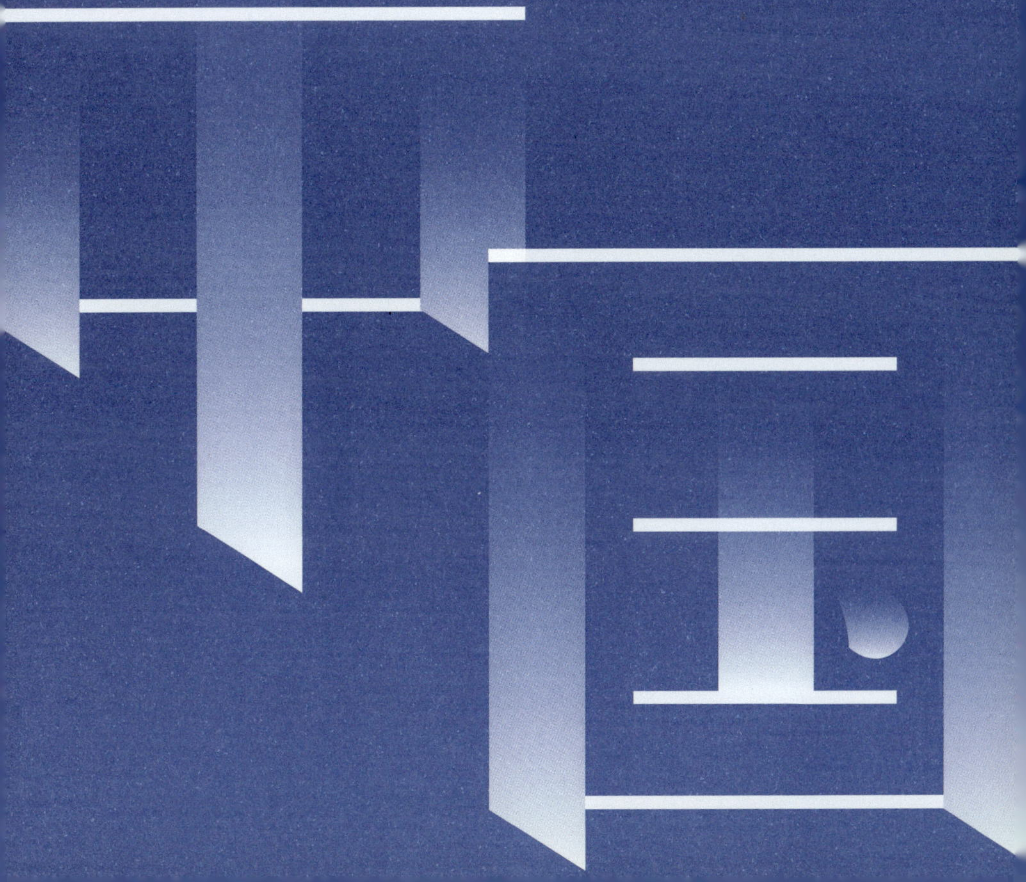

1. 결론
기회이자 위협으로 다가올 중국의 부상

이 책은 중국의 국가핵심이익 개념의 이해와 정책 변천 과정, 그리고 구체적인 관련 문제를 분석하는 것을 주요 목적으로 삼았다. 체계적이고 실증적인 분석을 위해 국가이익의 틀에서 이론적 검토를 하였고, 인민일보를 분석 자료로 내용분석을 실시하였다. 그 과정에서 실증주의 인식론에 기반을 둔 내용분석법의 제한된 해석 범위와 분석 과정에서 발생할 수 있는 오류를 보완하기 위해 텍스트 분석을 동시에 진행하였다. 서론에서 제기한 네 가지 가설을 중심으로 분석 결과를 종합적으로 살펴보면 다음과 같다.

최상위급 국가이익 개념의 지속적 공식화 진행

미국의 사활적 이익에 비견되는 최상위급 국가이익

중국의 국가핵심이익은 미국의 사활적 이익에 비견되는 최상위급 국가이익이다. 원칙적으로 지속시간이 '항구적인' 영구이익으로 정치·안보·경제·문화 전 분야 이익을 포괄하고 동시에 모든 분야에 적용되는 보편이익이다. 중국이 국가이익을 핵심이익과 비非핵심이익으로 구분한 이유는 정책의 선후경중을 명확히 하여 대내적으로는 제한된 자원을 효율적으로 사용하고, 대외적으로는 마지노선을 설정하여 국가이익을 극대화하려는 데 있다.

문서화, 간략화, 권위 부여, 절대화 방식으로 개념 공식화

중국은 국가핵심이익 개념을 지속적으로 공식화하고 있다. 학문적 개념이나 일부 지도자가 임의적·한시적으로 사용하는 용어가 아니라는 의미이다. 국가핵심이익 개념의 공식화는 다음과 같이 네 가지 방식으로 이루어지고 있다.

첫 번째는 '문서화'이다. 2000년대 초반 일부 지도자의 발언에만 의존했던 것과 달리 백서와 당대 보고서 등 주요 문서에 관련 개념과 내용을 포함하고 있다. 이 연구의 분석 자료인 인민일보에서 거론 빈도수가 지속적으로 증가하는 점도 이런 특징을 반영한 결과라고 할 수 있다. 가장 중요한 문서화 사례는 2011년『중국의 화평발전』백서에 국가핵심이익 개념과 함께 구성 요소를 명확히 제시한 것이다. 이는 국가핵심이익이 중국의 화평발전(노선)과 직결되어 있음을 의미하는 것으로 시사하는 바가 크다.

두 번째는 '간략화'이다. 중국은 국가핵심이익의 구성 요소를 통일하고 간략화하여 개념의 추상화 정도를 높히고 있다. 시진핑 집권 시기에 국가핵심이익을 국가주권, 국가안보, 국가발전이익으로 간략화한 것에서 확인할 수 있다.

세 번째는 '권위 부여'이다. 중국은 주요 지도층의 빈번한 발언을 통해 국가핵심이익 개념과 관련 정책에 권위를 부여하고 있다. 특히 인민일보 내용을 분석한 결과, 시진핑 집권 시기에 들어 상무위원들의 관련 발언이 높은 폭으로 증가하였고, 시진핑의 직간접적인 발언이 약 82퍼센트나 차지하고 있다는 점에 주목해야 한다.

네 번째는 '절대화'이다. 중국은 국가핵심이익을 마지노선 혹은 레드라인 등으로 규정하며 국가핵심이익의 절대적 속성을 부각하고 있다. 이는 국가핵심이익 관련 문제를 근본이익, 정당권익 등의 문제로 함께 규정한 것에서도 알 수 있다. 중국은 국가핵심이익을 의사결정과정의 절대적 기준이자 양보와 타협이 불가능한, 협상 대상이 아니라는 점을 강조하고 있다.

◆

국가발전이익과 분쟁 중인 문제 추가로 지속적으로 외연 확대

중국은 국가핵심이익 외연을 지속해서 확대하고 있다. 관련 문제를 양적으로 늘리는 것이다. 외연 확대 특징을 문제 중심으로 정리하면 다음과 같이 세 가지로 요약할 수 있다.

첫째는 지속적인 관련 문제 추가이다. 인민일보 내용분석 기준으로, 국가핵심이익 관련 문제는 후진타오 집권 1기에 2개, 2기에 22개가 새롭게 추가되었다. 시진핑 집권 시기에 들어서는 그 폭을 넓혀 1기에만 43개 문제가 추가된다. 결과적으로 후진타오 집권 1기 3개에 불과하던 관련 문제가 2기 들어 23개로 증가하였고, 시진핑 집권 1기에 들어 51개로 두 배 이상 늘었다.

둘째는 국가발전이익 관련 문제의 증가이다. 국가주권과 국가안보 관련 문제에 더해 시진핑 집권 1기부터 국가발전이익 관련 문제가 증가하면서 양적 확대의 중요한 특징이 되었다. 국가발전이익 관련 문제는 후진타오 집권 2기 5개에서 시진핑 집권 1기에 들어 14개로 급증한다. 이 때문에 전체 문제에서 차지하는 비중도 27.5퍼센트까지 상승하였다. 국가주권 관련 문제 비중이 시진핑 1기에 8.2퍼센트가량 떨어진 반면, 국가발전이익 관련 문제 비중은 5.8퍼센트 증가한 것에서도 알 수 있다.

셋째는 분쟁 중인 문제를 국가핵심이익으로 규정하는 경향을 보인다. 중국은 남중국해, 동중국해, 한반도 사드배치, 미중 무역전쟁 등 문제 처리과정에서 분쟁이 발생한 이후에 비로소 이를 국가핵심이익 관련 문제로 규정하는 특징을 보이고 있다.

◆

미래 신전략 산업을 둘러싼 경쟁과 경제력의 무기화 심화 가능

앞으로 중국과 경제선진국 간 신전략 산업을 둘러싼 경쟁이 치열해질 것으로 예상된다. 핵심 과학기술 관련 산업 분야에서는 단순 경쟁을 넘어 분쟁이 발생할 수도 있다.

애버리 골드스틴Avery Goldstein의 주장대로 과학기술은 부상 중인 대국이 계속 궐기할 수 있는지를 결정하는 3대 국제요인 중 하나이다. 이는 지속가능한 경제성장의 밑바탕이 될 뿐 아니라 군사력 증강에 직접적인 영향을 끼치는 요소이기 때문이다.[68]

중국도 이런 점을 인지하여 경제발전을 국가주권과 안보의 기초로 인식하고 국가발전이익 분야의 외연을 확대하고 있다. 그중에서도 신전략 산업 관련 문제를 국가핵심이익 범주에 지속해서 포함시키고 있다. 후진타오 집권 2기에 재생에너지와 지속가능발전 등이 국가핵심이익과 관련 있다는 것을 밝힌 중국은 시진핑 집권 시기에 들어 4차 산업혁명의 대표 분야인 '빅데이터'와 '정보강역'의 관련성을 거론하였다. 2017년에는 '신과학기술혁명(혹은 산업변혁)'이 국가핵심이익과 직결된다고 밝혔다. 문제는 중국이 특정 정치와 외교적 목적을 달성하기 위해 경제력을 이미 도구화한 상황에서 핵심 과학기술 관련 사안을 국가핵심이익으로 규정한다면 경제보복과 같은 수단을 지속적으로 사용할 것이라는 점이다. 이보다 더 큰 문제는 소위 4차 산업혁명으로 불릴 정도로 기술변혁의 시대가 미중 간 세력경쟁과 맞물리고 있다는 점이다. 미중 무역전쟁으로 미중 패권경쟁이 표면화된 상황에서 중국이 국가핵심이익으로 규정하는 국가발전이익 문제가 증가할수록 미중 간 기술전쟁은 더욱 치열해질 수밖에 없다.

군사 옵션 선택 가능성 증대

중국이 국가핵심이익 수호를 위해 무력을 사용할 가능성이 점차 커지고 있다. 전체 국가안보 이슈 중 군사, 군대와 직결된 문제가 약 46.4퍼센트를 차지할 정도로 높은 비중을 보이기 때문이다. 그중에서도 강군 건설을 포함한 '국방과 군대건설'뿐 아니라 '제2포병'과 '광동군구 항공병' 등 구체적인 전략 부대가 거론된 점은 눈여겨볼 부분이다. 이는 22쪽 표에서 중국 국내 학자들이 주장한 군 현대화와 군사협력 등 군사적 옵션이 약 23퍼센트 비중을 보인 것이 실증적으로 증명된 것이다.

기회보다 위협이 되는 중국 화평발전노선

중국의 국가핵심이익 개념은 단순한 '수사'가 아닌 '형태'로 나타날 수 있는 의사결정과정에서 절대적 기준이자 대내외적 명분으로 발전하였다. 1950년대 제시되어 냉전 시기 중국 대외정책의 기준이자 원칙이었던 '평화공존 5원칙和平共处五项原则'에 버금가는 혹은 그 원칙을 계승한 개념으로 진화했다고 판단된다.[69] 화평발전노선 추구 시기 '평화공존 5원칙'이 발전된 버전인 것이다. 실제로 국가핵심이익을 키워드로 화평발전노선과 상관관계를 내용분석해 보면 2010년부터 높은 상관성을 보이고 있다. 2010년 3회 거론된 것을 시작으로 2013년에는 12회, 시진핑 집권 1기에는 연평균 8회의 빈도수를 보인다.

중국의 국가핵심이익과 화평발전노선 간의 높은 상관성은 중국이 '화평'보다 '발전' 중심의 화평발전노선을 추구할 가능성이 높음을 의미한다. 서론에서 제시한 가설이 현실화될 수 있다는 것이다.

이상의 결과는 중국의 강대국화 '의지will'와 '의도intention'가 더 명확해졌음을 의미한다. '현상유지-수정주의' 측면에서 살펴보면, 후진타오 집권 시기 중국은 화평굴기와 화평발전론을 토대로 현상유지를 강조한 평화적 부상 의지를 내비친다. 수정주의 정책을 펼칠 수 있다

국가핵심이익과 평화공존 5원칙 비교

국가핵심이익		평화공존 5원칙
국가주권	영토완정	주권과 영토완정 상호존중
	국가통일	
	중국 헌법이 확립한 국가정치 제도와 사회의 전반적 안정	내정 불간섭
국가안보	-	상호 불가침, 평화공존
국가발전이익	경제사회의 지속가능한 발전을 위한 기본보장	호혜평등(상호 이익 평등)

자료: 저자 작성.

는 의도가 내포되어 있지만 그 비중이 크지 않았다. 하지만 시진핑 집권 시기에 들어 전체 의도 중 수정주의 요소가 차지하는 비중이 높아지고 있다. 실제로 시진핑 집권 시기에 들어 중국은 중국몽으로 대변되는 '중화민족의 위대한 부흥'을 국가 목표로 삼고, 미국 등 강대국에 '신형대국관계新型大国关系'를 요구하였을 뿐 아니라 '신형국제관계新型国际关系'를 구축하여야 한다고 주장하고 있다. 중국이 설사 체제 내 국가로서 현존 국제체제에서 부상한다고 가정하더라도, 현존 국제체제에서 권력관계 변화를 시도하는 것을 의미하기 때문에 상대국 입장에서는 수정주의 행태로 인식perception할 수밖에 없다.

문제는 중국의 강대국화 의지가 확실한 상황에서 수정주의 의도 정도를 떠나 '상대적 이익relative interest'의 성질을 보이는 국가핵심이익 정책을 지속적으로 추진한다면, 현 국제체제의 패권국가인 미국과 경쟁하거나 충돌할 수밖에 없다. 중국의 급속한 부상으로 미중 간 종합 국력 격차가 계속 줄고 있는 상황에서 현 국제체제의 규범norms, 규칙rules, 원칙principles, 의사결정 절차decision making procedures 시스템에 대한 불만dissatisfaction이 높아졌다고 판단할 수 있기 때문이다. 즉 패권국가와 신흥 도전국의 상대적 국력 격차 감소로 '불확실성uncertainties', '불안정성insecurities', '불만'이 높아지고 결국 세력 전이를 위해 도전국의 도발이나 이를 사전에 막기 위한 패권국의 '예방전쟁'이 발생할 수밖에 없게 된 것이다. 또한 그 과정에서 주변국들은 중국의 공세적 대외정책의 압박을 지속해서 받게 될 것이다. 특히 중국과 경제적 상호의존도가 높은 미국의 동맹국들은 미중 양국 사이에서 전략적 딜레마 상황에 봉착할 수밖에 없다.

미중 간 평화적 공존과 평화적 세력 전이가 불가능한 것은 아니지만, 미국을 포함한 주변국은 중장기적으로, 화평발전을 내세운 중국의 강대국화에 기회와 위협, 두 가지 상황을 모두 염두에 두고 대중국 대외정책을 수립해야 한다. 국가핵심이익 개념과 관련 정책만을 중심에 놓고 본다면 기회보다 위협에 방점을 둔 대중국 대외정책을 수립하는 것이 더 이성적 판단이라고 하겠다. 물론 중국 강대국화 과정에서 파생될 수 있는 발전의 기회를 포기하자는 말은 아니다. 그보다 급변하는 국제 정세 속에서 '희망적 사고'가 아닌 '최악의 상황을 가정한 판단'과 함께 '거안사위居安思危'하는 태도로 접근해야 한다는 것이다. 이런 차원에서 중국의 국가핵심이익을 둘러싼 문제에 대응할 수 있는 다차원적인 위기관리 방안을 우선 마련해야 할 것이다.

주

1 See Yong Deng, 2006, "Reputation and the Security Dilemma: China Reacts to the China Threat Theory", in Alastair Iain Johnston and Robert S. Ross, eds., *New Directions in the Study of China's Foreign Policy*, Stanford, California: Stanford University Press. 중국 정부는 중국위협론에 대응하기 위해서 '중국기회론', '신안보관', '화평굴기(발전)' 등의 개념을 제시하였음. 중국의 강대국화를 다른 나라 사례를 통해 다각도로 비교분석한 연구는 정재호 편, 2006, 『중국의 강대국화: 비교 및 국제정치학적 접근』, 도서출판 길 참조.

2 국가 간 권력(혹은 발전) 분배와 '비용편익(cost-benefit)'의 관점에서 부상국과 패권전쟁을 논한 연구는 Robert Gilpin, 1981, *War and Change in World Politics*, Cambridge: Cambridge University Press, pp. 10-11, 33, 50, 55-105, 187, 228-230 참조; '세력전이이론(power transition theory)'은 A. F. K. Organski, *World Politics*, New York: Alfred A. Knopf, 1958; A. F. K. Organski and Jacek Kugler, 1980, *The War ledger*, Chicago: University of Chicago Press 참조; 해군력을 핵심으로 하는 '세계국가(world power)'의 흥망과 '세계전쟁(global war)' 간의 규율(약 100~120년)을 논한 연구는 George Modelski, 1978, "The Long Cycle of Global Politics and the Nation-State", *Comparative Studies in Society and History*, Vol. 20, No. 2; George Modelski, 1987, *Long Cycles in World Politics*, Seattle: University of Washington Press 참조. 평화적 세력전이를 논한 연구는 정재호 편, 2016, 『평화

적 세력전이의 국제정치: 19-20세기 영-미 관계와 21세기 미-중 관계의 비교』, 서울대학교출판문화원 참조.

3 21세기 미중관계를 포함한 강대국 간 정치를 비극으로 표현한 '공격적 현실주의(offensive realism)'에 대해서는 John J. Mearsheimer, 2001, *The Tragegy of Great Power Politics*, New York: W.W. Norton & Company Inc. 참조.

4 中华人民共和国国务院新闻办公室, "中国的和平发展道路(白皮书)", http://www.gov.cn/xwfb/2005-12/22/content_133974.htm.

5 관련 문서와 연구를 살펴보면, '핵심이익' 혹은 '중국의 핵심이익' 등으로 표현하기도 하지만 백서에 표현된 것처럼 '국가핵심이익'으로 표현하는 것이 정확함. 하지만 본문에서는 맥락에 따라 혼합적으로 사용함.

6 中华人民共和国国务院新闻办公室, "中国的和平发展(白皮书)", http://www.scio.gov.cn/ztk/dtzt/58/6/Document/999991/999991.htm.

7 Jinghao Zhou, 2019, "China's Core Interests and Dilemma in Foreign Policy Practice", *Pacific Focus*, Vol. 34, No. 1, pp. 31-41.

8 Jinghan Zeng, Yuefan Xiao, and Shaun Breslin, 2015, "Securing China's Core Interests: The State of the Debate in China", *International Affairs*, Vol. 91, No. 2, pp. 250-257.

9 이 연구의 서술 과정에서 '댜오위다오'로 통일해서 사용하지만, 문맥에 따라 '센카

쿠 열도'로 표현함을 특별히 밝힘.

10 See Alastair Iain Johnston, 2013, "How New and Assertive is China's New Assertiveness?", *International Security*, Vol. 37, No. 4, pp. 7-14.

11 Alastair Iain Johnston, "How New and Assertive is China's New Assertiveness?", pp. 31-32.

12 김흥규, 2013, "중국 핵심이익 연구 소고(小考)", 『동북아연구』, 제28권, 제2호, 301-305쪽.

13 Nien-chung Chang Liao, "Winds of Change: Assessing China's Assertive Turn in Foreign Policy", *Journal of Asian and African Studies*, Vol. 53, No. 6, 2018, pp. 883-889.

14 Jinghao Zhou, "China's Core Interests and Dilemma in Foreign Policy Practice", pp. 47-53.

15 이민규, 2017, "중국의 국가핵심이익 시기별 외연 확대 특징과 구체적인 이슈", 『중소연구』, 제41권, 제1호, 2017, 52-56쪽.

16 이민규, 2017, "인민해방군, 중국 국가핵심이익 수호의 한 축: 역사적 사명과 강군 건설의 필요성", 『성균차이나브리프』, 제5권, 제4호, 52-56쪽.

17 See Michael D. Swaine, Zhang Tuosheng, and Danielle F. S. Cohen, eds., 2006, *Managing Sino-American Crises: Case Studies and Analysis*, Washington D.C.:

Carnegie Endowment for International Peace.

18 남중국해를 둘러싸고 중국이 취할 수 있는 군사적 전략과 행위에 대해서는 Toshi Yoshihara and James R. Holmes, "Can China Defend a 'Core Interest' in the South China Sea?", *The Washington Quarterly*, Vol. 34, No. 2, 2011, pp. 45-59 참조.

19 Alastair Iain Johnston, "China's Militarized Interstate Dispute Behavior 1949-1992: A First Cut at the Data", *The China Quarterly*, No.153, 1998, pp. 9-15.; Xiaoting Li, "The Taming of the Red Dragon: The Militarized Worldview and China's Use of Force, 1949-2001", *Foreign Policy Analysis*, Vol. 9, No. 4, 2013.

20 Fravel M. Taylor, "Power Shifts and Escalation: Explaining China's Use of Force in Territorial Disputes", *International Security*, Vol. 32, No. 3, 2007/2008, pp. 54-55.

21 Jinghan Zeng, "Is China Committed to Peaceful Rise? Debating How to Secure Core Interests in China", *International Politics*, Vol. 54, No. 5, 2017, pp. 623-632.

22 Ivar Kolstad, "Too Big to Fault? Effects of the 2020 Nobel Peace Prize on Norwegian Exports to China and Foreign Policy", *CMI Working Paper*, No. 3, 2016, pp. 4-14.

23 당시 노르웨이 정부가 중국과의 관계 개선 과정에서 '당근(carrot)'만을 사용한 것은 아님. 2014년 5월에는 중국 재벌의 북극섬 매입 시도에 제동을 걸었고, 10월

에 중국의 북극 스발바르 군도 제3 레이더 건설 허가를 취소하는 결정도 내림. 또한 2015년 1월에는 중국학자를 '국가안보위협' 명목으로 추방까지 함. 즉, '채찍(stick)'도 함께 사용하는 등 나름의 압박외교(coersive diplomacy)를 구사하였음. 유럽국가에 대한 중국경제 특징은 이민규, "중국 경제보복 유럽 사례 비교연구", 『중국지식네트워크』, 제15호, 2020, 227-257쪽 참조.

24 사드배치에서 비롯한 중국의 경제보복으로 한중관계의 '민낯'이 드러났다는 비판이 일부에서 제기되었음. 1992년 한중수교 이래, 양국은 경제적 상호의존도가 주는 착각에 빠져 양적 발전에 비해 관계의 내실화를 이루지 못함. 특히 21세기 들어 발생한 일련의 사건은 한중관계를 바라보는 '희망적 사고'를 단계적으로 깨트렸다고 할 수 있음. 우선 2010년 천안함 침몰과 연평도 폭격 사건은 중국 역할에 거는 기대가 무너지고 '실망감'을 안겨 준 이슈들임. 2016년 '4차 북핵 실험과 한중 정상 간 핫라인 불발'은 양국의 전략적 입장 차이의 크기를 확인할 수 있었던 사건임. 이런 사건들이 한중관계에 거는 기대를 무너뜨렸다면, 사드배치 이슈는 미중 사이에서 한국의 전략적 딜레마가 '우려가 아닌 현실'이 된 사건이라고 할 수 있음. 구체적인 논의 내용은 이민규, "협력과 갈등의 기로에 선 한중관계," 이희옥, 강수정 책임편집, 『전환기 동북아 질서와 한중관계의 재구성: 한·중 학계의 시각』, 선인, 2020, 99-110쪽 참조.

25 외교부, "한중 관계 개선 관련 양국간 협의 결과", 보도자료, 2017. 10. 31., http://

www.mofa.go.kr/www/brd/m_4080/view.do?seq=367200.

26 이임자, 조용원, "중국 정부의 한국 여행 제한 조치가 국내 소비재산업에 미치는 영향 분석", 『i-KIET 산업경제이슈』, 제19호, 2017, 7쪽; 이민규, "한한령 무뎌졌지만 거안사위해야", 중앙SUNDAY, 2019. 1. 12., https://news.joins.com/article/23283593.

27 이민규, "중국의 국가핵심이익 시기별 외연 확대 특징과 구체적인 이슈", 45쪽. 구체적으로 남중국해와 댜오위다오 이슈와 관련해서는 미 의회 산하 미중경제안보검토위원회(The U.S.-China Economic and Security Review Commission)의 Caitlin Campbell, Ethan Meick, Kimberly Hsu, and Craig Murray, "China's 'Core Interests' and the East China Sea", https://www.uscc.gov/sites/default/files/Research/China's%20Core%20Interests%20and%20the%20East%20China%20Sea.pdf와 Chinafile 사이트에 실린 Shai Oster, Andrew J. Nathan, Orville Schell, Susan Shirk, Tai Ming Cheung, and John Delury, "What's Really at the Core of China's 'Core Interests'?", https://www.chinafile.com/.../whats-really-core-chinas-core-interests; Stephanie T. Kleine-Ahlbrandt, Susan Shirk, and Wang Yizhou, "Does Promoting 'Core Interests' Do China More Harm Than Good?", http://www.chinafile.com/conversation/does-promoting-core-interests-do-china-more-harm-good 참조. 한반도 문제와 관련해서는 이민규, "한국의 사드배치 결정

과 중국의 대한반도 정책 인식 변화 연구: 중국의 '핵심이익' 논쟁을 중심으로", 『국방정책연구』, 제33권, 제2호, 2017, 10-27쪽; 김흥규, "중국 핵심이익 연구 소고(小考)," 295-297쪽; 김흥규, "한반도 통일에 대한 중국의 입장과 한중관계", 『전략연구』, 제21권, 제61호, 2014, 223쪽; 나영주, "한반도 통일에 관한 중국의 인식과 전략", 『국제정치연구』, 제18권, 제2호, 2015, 113-125쪽 참조.

28 이민규의 2017년 관련 연구에 따르면, 2011년부터 '중국 헌법이 확립한 국가정치제도와 사회의 전반적 안정'과 관련된 포괄적 주제와 구체적인 이슈가 거론되기 시작함. 시진핑 집권 시기에 들어서는 '경제사회의 지속가능한 발전을 위한 기본보장'과 관련된 이슈도 본격적으로 거론되기 시작함. 이민규, "중국의 국가핵심이익 시기별 외연 확대 특징과 구체적인 이슈," 61-65쪽 참조.

29 张清敏, 李敃窥, "中国对外行为的思想根源探析", 『外交评论』, 第4期, 2011, 第6页.

30 중국 외교부 대변인 자료를 내용분석하여 특정 외교안보 이슈의 국가핵심이익 관련 여부를 분석한 연구는 이민규, "한국의 사드배치 결정과 중국의 대한반도 정책 인식 변화 연구: 중국의 '핵심이익' 논쟁을 중심으로", 14쪽 참조. 이 연구에서 중국 외교부 정례 브리핑 내용을 분석 자료로 선택한 이유를 중국 외교부의 주요 책무, 특히 외교부가 공산당 중앙과 국무원의 외교 전략과 방침을 수행하고 대외에 알리는 창구 역할을 제시하기 때문이라고 밝힘.

31 Jinghan Zeng, Yuefan Xiao, and Shaun Breslin, "Securing China's Core Interests:

The State of the Debate in China", pp. 257-259.

32 이민규, "중국의 국가핵심이익 시기별 외연 확대 특징과 구체적인 이슈", 47쪽.

33 2018년 12월 31일까지 분석한 이유는 이 연구 시작 바로 전 시기였다는 점을 제외하고 특별한 이유가 없음을 밝힘.

34 张清敏, 李敃窥, "中国对外行为的思想根源探析", 第14-18页.

35 Michael D. Swaine, "China's Assertive Behavior – Part One: On 'Core Interest'", *China Leadership Monitor*, No. 34, 2010.

36 이민규, "중국의 국가핵심이익 시기별 외연 확대 특징과 구체적인 이슈", 47~48쪽.

37 백분율 신뢰도 검사 결과 0.897(퍼센트)가 나왔기 때문에, Scotti's Pi와 Cohen's Kappa 공식을 통한 신뢰도 검사를 별도로 실시하지 않았음을 특별히 밝힘.

38 阎学通, 『国际政治与中国』, 北京: 北京大学出版社, 2005, 第12-15页.

39 중국 학계의 국가이익에 관한 연구 현황은 方长平, "中国的国家利益研究", 王逸舟主编, 『中国国际关系研究』, 北京: 北京大学出版社, 2006, 第290-311页 참조.

40 阎学通, 阎梁, 『国际关系分析』, 北京: 北京大学出版社, 2008, 第66页.

41 阎学通, 『国际政治与中国』, 第23-24页.

42 莫凯歌, "国际关系研究方法: 组合有效的工具箱," 王建伟主编, 『国际关系学』, 北京: 中国人民大学出版社, 2010, 第42-60页.

43 方长平, "中国的国家利益研究", 第301-302页.

44 阎学通, 阎梁, 『国际关系分析』, 第67-68页.

45 阎学通, 『国际政治与中国』, 第24页.

46 阎学通, 『国际政治与中国』, 第25页.

47 阎学通, 『国际政治与中国』, 第25-26页.

48 阎学通, 『国际政治与中国』, 第26页.

49 이민규, "한국의 사드배치 결정과 중국의 대한반도 정책 인식 변화 연구: 중국의 '핵심이익' 논쟁을 중심으로", 15-16쪽.

50 阎学通, 『国际政治与中国』, 第25页.

51 章迪禹, "中国'核心利益'之辩", 『世界知识』, 第19期, 2011, 第17页.

52 1970~1980년대부터 국제정치에서 국내 이슈와 국제 이슈, 상위정치와 하위정치 간의 경계가 모호해지기 시작함. 이와 함께 보편적 안보(comprehensive security), 비전통안보(non-traditional security), 더 나아가 인간안보(human security) 등의 새로운 안보 개념이 등장함. 이는 더 이상 현실주의 중심의 국가이익 시각을 유지하기 힘들어졌음을 의미함. 안보 개념의 변화와 특징에 대해서는 전웅, "국가안보와 인간안보", 『국제정치논총』, 제44권, 제1호, 2004; 박한규, "지구화 시대에 있어서 안보 개념의 다차원적 분석: 인간안보를 중심으로", 『국제지역연구』, 제11권, 제3호, 2007; 정상화, "안보개념의 변화와 비전통안보의 부상", 『세종정책연구』, 제6

권, 제2호, 2010 참조.

53 이민규, "중국의 국가핵심이익 시기별 외연 확대 특징과 구체적인 이슈", 42쪽.

54 章迪禹, "中国'核心利益'之辨", 第20页.

55 "中国的和平发展(白皮书)".

56 贾庆林, "中国人民政治协商会议全国委员会常务委员会工作报告: 在政协第十一届全国委员会第一次会议上(2008年 3月 3日)", 『人民日报』, 2008. 3. 15., 第2版.

57 "杨洁篪: 维护本国核心利益和尊严行为并非'强硬'", 中国网, 2010. 3. 7.,http://www.china.com.cn/news/2010-03/07/content_19547003.htm.

58 沈丁立, "正视和平发展的'中国底线'", 『人民日报』, 2013. 2. 1., 第5版.

59 당 규약에 따른 중국공산당 최고 권력기관은 중국공산당 전국대표대회임. 그러나 실제 권력은 중국공산당 중앙정치국에 있고, 그중에서도 상무위원회 위원들이 최고 권력을 행사함. 양갑용, "중국공산당", 성균중국연구소 엮음, 『차이나핸드북』, 김영사, 2018, 130-131쪽 참조.

60 네 가지 의견은 ① 한 개의 중국 원칙 견지 ② 평화통일 견지 ③ 타이완인민에게 희망을 거는 방침 견지 ④ 타이완 독립 분열활동 반대 견지를 의미함. 胡锦涛, "包括台湾同胞在内的全体中华儿女团结起来, 共同为推进祖国和平统一大业而努力奋斗", 『人民日报』, 2005. 3. 5. 참조.

61 '사불일몰유'의 '사불'은 ① 독립선언 ② 중화민국국호 ③ 양국론 입헌 ④ 독립관

련 공민투표를 하지 않는다는 것을 뜻하고, '일몰유'는 국통회와 국통강령을 폐기하지 않겠다는 것을 의미함. "何谓陈水扁的'四不一没有'?", 中国新闻网, 2002. 8. 5., http://www.chinanews.com/2002-08-05/26/209063.html 참조.

62 팔항주장은 1995년 1월 30일 장쩌민 국가주석이 한 발언으로 ① 하나의 중국 원칙 견지 ② 타이완의 타국과의 민간 경제문화관계 찬성 ③ 양안 간 평화통일 담판 ④ 평화통일 실현, 중국인은 중국인을 공격하지 않음 ⑤ 양안경제문화교류와 협력 ⑥ 중화문화의 우수전통 계승과 발양 ⑦ 타이완 동포의 생활방식과 주인 역할을 하고자 하는 바람과 모든 정당권익 존중 ⑧ 적당한 신분으로 상호 방문 등을 의미함. 江泽民, "为促进祖国统一大业的完成而继续奋斗", 『人民日报』, 1995. 1. 31. 참조.

63 이명찬, "센카쿠제도를 둘러싼 중·일간 갈등과 동북아", 『국제정치논총』, 제53집, 제1호, 2013, 258쪽; 하도형, "2010년 중·일 댜오위다오 분쟁과 중국의 대응", 『영토해양연구』, 제3호, 2012, 8-10쪽; 이면우, 『전후 일중관계의 전개 및 향후양상: 2010년 센카쿠열도분쟁의 의미와 영향을 중심으로』, 세종연구소, 2011, 25-26쪽 참조.

64 이명찬, "센카쿠제도를 둘러싼 중·일간 갈등과 동북아", 260-268쪽.

65 2012년 8월 16일, 필립 크롤리(Philip Crowley) 국무부 공보담당 차관보는 기자회견에서 센카쿠 열도는 일본의 시정 아래 있고, 미일안보조약 제5조는 일본의 시정 아래 있는 영역에 적용된다고 밝힘. 이보다 앞서 2010년 9월 뉴욕타임스 보도에

따르면, 힐러리 클린턴 미 국무장관이 센카쿠 열도는 미일 안보조약의 적용 대상이라고 밝힘. 이명찬, "센카쿠제도를 둘러싼 중일간 갈등과 동북아", 260-261쪽 참조.

66 "中华人民共和国国家安全法(主席令第二十九号)", 中央政府门户网站, 2015. 7. 1., http://www.gov.cn/zhengce/2015-07/01/content_2893902.htm.

67 미국정부는 2018년 6월 15일 500억 달러 규모 중국 상품에 대해 25퍼센트 관세를 부과하겠다고 발표함. 그중 340억 달러 규모 상품의 관세 부과는 2018년 7월 6일부터, 나머지 160억 달러는 2018년 8월 23일부터 적용됨.

68 Avery Goldstein, "Parsing China's Rise: International Circumstances and National Attributes", in Robert S. Ross and Zhu Feng, eds., *China's Ascent: Power, Security, and the Future of International Politics*, Ithaca: Cornell University Press, 2008, pp. 64-67.

69 평화공존 5원칙이 미친 중국 대외정책의 영향은 杨凡, "和平共处五项原则的演变与中国对外政策", 『江南社会学院学报』, 第3卷, 第2期, 2001, 第16-17页; 张明菊, "'和平共处'外交思想的演变与中国外交", 『桂海论丛』, 第21卷, 第1期, 2005, 第54页; 温家宝, "弘扬五项原则 促进和平发展", 中国国际问题研究所编, 『和平共处五项原则 - 纪念和平共处五项原则诞生50周年』, 北京: 世界知识出版社, 2004, 第13-15页 참조.

참고문헌

◆

국문 ——

- 김흥규, 2013, "중국 핵심이익 연구 소고(小考)", 『동북아연구』, 제28권, 제2호.
- ______, 2014, "한반도 통일에 대한 중국의 입장과 한중관계", 『전략연구』, 제21권, 제61호.
- 나영주, 2015, "한반도 통일에 관한 중국의 인식과 전략", 『국제정치연구』, 제18권, 제2호.
- 박한규, 2007, "지구화 시대에 있어서 안보 개념의 다차원적 분석: 인간안보를 중심으로", 『국제지역연구』, 제11권, 제3호.
- 양갑용, 2018, "중국공산당", 성균중국연구소 엮음, 『차이나핸드북』, 김영사.
- 외교부, 2017, "한중 관계 개선 관련 양국간 협의 결과", 보도자료, http://www.mofa.go.kr/www/brd/m_4080/view.do?seq=367200.
- 이면우, 2011, 『전후 일중관계의 전개 및 향후양상: 2010년 센카쿠열도분쟁의 의미와 영향을 중심으로』, 세종연구소.
- 이명찬, 2013, "센카쿠제도를 둘러싼 중·일간 갈등과 동북아", 『국제정치논총』, 제53집, 제1호.
- 이민규, 2017, "중국의 국가핵심이익 시기별 외연 확대 특징과 구체적인 이슈", 『중소연구』, 제41권, 제1호.

- ______, 2017, “한국의 사드배치 결정과 중국의 대한반도 정책 인식 변화 연구: 중국의 ‘핵심이익’ 논쟁을 중심으로”, 『국방정책연구』, 제33권, 제2호.
- ______, 2017, “인민해방군, 중국 국가핵심이익 수호의 한 축: 역사적 사명과 강군 건설의 필요성”, 『성균차이나브리프』, 제5권, 제4호.
- ______, 2019, “한한령 무뎌졌지만 거안사위해야”, 『중앙SUNDAY』, 1월 12일.
- ______, 2020, “중국 경제보복 유럽 사례 비교연구”, 『중국지식네트워크』, 제15호.
- ______, 2020, “협력과 갈등의 기로에 선 한중관계”, 이희옥, 강수정 책임편집, 『전환기 동북아 질서와 한중관계의 재구성: 한·중 학계의 시각』, 선인.
- 이임자, 조용원, 2017, “중국 정부의 한국 여행 제한 조치가 국내 소비재산업에 미치는 영향 분석”, 『i-KIET 산업경제이슈』, 제19호.
- 전 웅, 2004, “국가안보와 인간안보”, 『국제정치논총』, 제44권, 제1호.
- 정상화, 2010, “안보개념의 변화와 비전통안보의 부상”, 『세종정책연구』, 제6권, 제2호.
- 정재호, 2006, 『중국의 강대국화: 비교 및 국제정치학적 접근』, 도서출판 길.
- _____, 2016, 『평화적 세력전이의 국제정치: 19-20세기 영-미 관계와 21세기 미-중 관계의 비교』, 서울대학교출판문화원.
- 하도형, 2012, “2010년 중·일 댜오위다오 분쟁과 중국의 대응”, 『영토해양연구』, 제3호.

영문 ——

- Campbell, Caitlin and Ethan Meick and Kimberly Hsu and Craig Murray, 2013, "China's 'Core Interests' and the East China Sea", *U.S.-China Economic and Security Review Commission*, https://www.uscc.gov/sites/default/files/Research/China's%20 Core%20Interests%20and%20the%20East%20China%20Sea.pdf.
- Chang Liao, Nien-Chung, 2018, "Winds of Change: Assessing China's Assertive Turn in Foreign Policy", *Journal of Asian and African Studies*, Vol. 53, No. 6.
- Fravel, Taylor M., 2007/2008, "Power Shifts and Escalation: Explaining China's Use of Force in Territorial Disputes", *International Security*, Vol. 32, No. 3.
- Gilpin, Robert, 1981, *War and change in World Politics*, Cambridge: Cambridge University Press.
- Goldstein, Avery, 2008, "Parsing China's Rise: International Circumstances and NationalAttributes", in Robert S. Ross and Zhu Feng, eds., *China's Ascent: Power, Security, and the Future of International Politics*, Ithaca: Cornell University Press.
- Johnston, Alastair Iain, 1998, "China's Militarized Interstate Dispute Behavior 1949-1992: A First Cut at the Data", *The China Quarterly*, No. 153.
- ________________, 2013, "How New and Assertive is China's New

Assertiveness?", *International Security*, Vol. 37, No. 4.

- Johnston, Alastair Iain and Robert S. Ross, eds., 2006, *New Directions in the Study of China's Foreign Policy*, Stanford: Stanford University Press.
- Kleine-Ahlbrandt, Stephanie T. and Susan Shirk and Yizhou Wang, 2013, "Does Promoting 'Core Interests' Do China More Harm Than Good?", *China File*, http://www.chinafile.com/conversation/does-promoting-core-interests-do-china-more-harm-good.
- Kolstad, Ivar, 2016, "Too Big to Fault? Effects of the 2020 Nobel Peace Prize on Norwegian Exports to China and Foreign Policy", *CMI Working Paper*, No. 3.
- Lee, Min-gyu and Yufan Hao, 2018, "China's Unsuccessful Charm Offensive: How South Koreans have Viewed the Rise of China Over the Past Decade", *Journal of Contemporary China*, Vol. 27.
- Li, Xiaoting, 2013, "The Taming of the Red Dragon: The Militarized World view and China's Use of Force, 1949-2001", *Foreign Policy Analysis*, Vol. 9, No. 4.
- Mearsheimer, John J., 2001, *The Tragegy of Great Power Politics*, New York: W. W. Norton & Company Inc.
- Modelski, George, 1987, "The Long Cycle of Global Politics and the Nation-State", *Comparative Studies in Society and History*, Vol. 20, No. 2.

- ______________, 1987, *Long Cycles in World Politics*, Seattle: University of Washington Press.
- Organski, A. F. K., 1958, *World Politics*, New York: Alfred A. Knopf.
- Organski, A. F. K. and Jacek Kugler, 1980, *The War ledger,* Chicago: University of Chicago Press.
- Oster, Shai and Andrew J. Nathan and Orville Schell and Susan Shirk and Tai Ming Cheung and John Delury, 2013, "What's Really at the Core of China's 'Core Interests'?", *China File*, https://www.chinafile.com/.../whats-really-core-chinas-core-interests.
- Ross, Robert S. and Feng Zhu, eds., 2008, *China's Ascent: Power, Security, and the Future of International Politics*, Ithaca: Cornell University Press.
- Swaine, Michael D., 2010, "China's Assertive Behavior – Part One: On 'Core Interest'", *China Leadership Monitor*, No. 34.
- Swaine, Michael D. and Tuosheng Zhang, and Danielle F. S. Cohen, eds., 2006, *Managing Sino-American Crises: Case Studies and Analysis*, Washington D.C.: Carnegie Endowment for International Peace.
- Yoshihara, Toshi and James R. Holmes, 2011, "Can China Defend a 'Core Interest' in the South China Sea?", *The Washington Quarterly*, Vol. 34, No. 2.

- Zeng, Jinghan and Yuefan Xiao and Shaun Breslin, 2015, "Securing China's Core Interests: The State of the Debate in China", *International Affairs*, Vol. 91, No. 2.
- Zeng, Jinghan, 2017, "Is China Committed to Peaceful Rise? Debating How to Secure Core Interests in China", *International Politics*, Vol. 54, No. 5.
- Zhou, Jinghao, 2019, "China's Core Interests and Dilemma in Foreign Policy Practice", *Pacific Focus*, Vol. 34, No. 1.

중문 ——

- 方长平, 2006, "中国的国家利益研究", 王逸舟主编, 『中国国际关系研究』, 北京: 北京大学出版社.
- 胡锦涛, 2005, "包括台湾同胞在内的全体中华儿女团结起来, 共同为推进祖国和平统一大业而努力奋斗", 『人民日报』, 3月 5日.
- 贾庆林, 2008, "中国人民政治协商会议全国委员会常务委员会工作报告: 在政协第十一届全国委员会第一次会议上", 『人民日报』, 3月 3日.
- 江泽民, 1995, "为促进祖国统一大业的完成而继续奋斗", 『人民日报』, 1月 31日.

- 沈丁立, 2013, "正视和平发展的'中国底线'", 『人民日报』, 2月 1日.
- 王建伟, 2010, 『国际关系学』, 北京: 中国人民大学出版社.
- 王逸舟, 2006, 『中国国际关系研究』, 北京: 北京大学出版社.
- 温家宝, 2004, "弘扬五项原则 促进和平发展", 中国国际问题研究所编, 『和平共处五项原则 纪念和平共处五项原则诞生50周年』, 北京: 世界知识出版社.
- 杨 凡, 2001, "和平共处五项原则的演变与中国对外政策", 『江南社会学院学报』, 第3卷, 第2期.
- 杨洁篪, 2010, "杨洁篪: 维护本国核心利益和尊严行为并非'强硬'", 中国网, http://www.china.com.cn/news/2010-03/07/content_19547003.htm.
- 阎学通, 2005, 『国际政治与中国』, 北京: 北京大学出版社.
- 阎学通, 阎梁, 2008, 『国际关系分析』, 北京: 北京大学出版社.
- 章迪禹, 2011, "中国'核心利益'之辩", 『世界知识』, 第19期.
- 张明菊, 2005, "'和平共处'外交思想的演变与中国外交", 『桂海论丛』, 第21卷, 第1期.
- 张清敏, 李敃窥, 2011, "中国对外行为的思想根源探析", 『外交评论』, 第4期.
- 中国国际问题研究所, 2004, 『和平共处五项原则 - 纪念和平共处五项原则诞生50周年』, 北京: 世界知识出版社.
- 中华人民共和国国务院新闻办公室, 2005, "中国的和平发展道路(白皮书)",

http://www.gov.cn/xwfb/2005-12/22/content_133974.htm.

- ______________________________, 2011, "中国的和平发展(白皮书)", http://www.scio.gov.cn/ztk/dtzt/58/6/Document/999991/999991.htm.
- "中华人民共和国国家安全法(主席令第二十九号)", 中央政府门户网站, http://www.gov.cn/zhengce/2015-07/01/content_2893902.htm.
- "何谓陈水扁的'四不一没有'?", 中国新闻网, http://www.chinanews.com/2002-08-05/26/209063.html.

국가핵심이익

중국 화평발전노선의 내막을 읽는 키워드

지은이 이민규

초판 1쇄 인쇄 2020년 8월 28일
초판 1쇄 발행 2020년 9월 4일

펴낸이 서왕진
펴낸곳 서울연구원

편　　집 전말숙, 송도숙
디 자 인 [★]규

주　　소 서울시 서초구 남부순환로 340길 57
전　　화 02-2149-1234
팩　　스 02-2149-1019
홈페이지 www.si.re.kr

ISBN 979-11-5700-514-7 03340

• 이 도서의 국립중앙도서관 출판예정도서목록(CIP)은 서지정보유통지원시스템 홈페이지(http://seoji.nl.go.kr)와 국가자료종합목록 구축시스템(http://kolis-net.nl.go.kr)에서 이용하실 수 있습니다. (CIP제어번호 : CIP2020033831)